**Einfach
nachhaltig**

Umweltbewusst
einkaufen,
haushalten und
leben

Immer aktuell
Wir informieren Sie über wichtige Aktualisierungen zu diesem Ratgeber. Wenn sich zum Beispiel die Rechtslage ändert, neue Gesetze oder Verordnungen in Kraft treten, erfahren Sie das unter
www.ratgeber-verbraucherzentrale.de/aktualisierungsservice

Einfach nachhaltig

Umweltbewusst einkaufen, haushalten und leben

JOHANNA PRINZ

verbraucherzentrale

21 Konsum: Nachhaltig einkaufen

125 Die Basics zum Schluss

Inhalt

- 6 Die wichtigsten Fragen und Antworten

13 Los geht's!
- 13 Keine Sorge: Es genügt, wenn Sie irgendwo anfangen
- 13 Was ist eigentlich „Nachhaltigkeit"?
- 18 Für Veränderungen muss man etwas verändern
- 18 Unser Alltag wird anders werden

21 Konsum: Nachhaltig einkaufen
- 21 Lebensmittel und Getränke
- 21 Umweltbewusst in der Obst- und Gemüseabteilung
- 23 Heimisches Obst und Gemüse: Wann gibt es was?
- 33 Navigation beim Einkauf: Labels, Siegel und Gütezeichen
- 34 Getränkekauf: Mehrweg, Einweg – was ist umweltfreundlich?
- 38 Kleidung
- 44 Kosmetik
- 47 Technik und Verbrauchsgegenstände
- 48 Smartphones kaufen und entsorgen
- 50 Stoffbeutel oder Plastiktüte?
- 51 Und Papiertüten?
- 52 Wegwerfwindeln oder Stoffwindeln?

57 Nachhaltig essen: Weniger Tierprodukte

61 Weniger ist mehr: Abfall
- 61 Ein paar unangenehme Wahrheiten über Plastik
- 64 Vom Strohhalm bis zum Backpapier – worauf können Sie verzichten?
- 66 Was ist Mikroplastik?
- 69 To-go-, Brot- und Vorratsdosen

61 Weniger ist mehr: Abfall

105 Bewusst nutzen: Wasser

113 Umdenken lohnt sich: Mobilität

- 72 Rohstoff Papier
- 76 Recycling
- 84 Abfall-ABC

87 Einfach sparen: Energie
- 87 Was bringt Ökostrom?
- 90 Energie in der Küche
- 94 Kühlschrank, Waschmaschine und Co.
- 98 Richtig heizen
- 99 Richtig beleuchten
- 102 Als Mieter Strom produzieren – geht das?

105 Bewusst nutzen: Wasser

113 Umdenken lohnt sich: Mobilität
- 113 Umweltfreundliche Mobilität: E-Scooter, Fahrrad oder Auto?
- 114 Fahrgemeinschaften bilden
- 116 Autos teilen mit anderen: Carsharing
- 117 Zusteigen per App: Mitfahrzentralen

119 Noch mehr Ideen

125 Die Basics zum Schluss
- 125 Wofür das alles: Was ist der Klimawandel?
- 129 Was ist der Ökologische Fußabdruck?
- 132 Warum wir auf politische Lösungen nicht verzichten können
- 132 Wie beeinflusst unser Konsumverhalten die Umwelt?
- 136 Adressen
- 138 Stichwortverzeichnis
- 142 Impressum

Die wichtigsten Fragen und Antworten

Jährlich beantworten wir in unseren bundesweit rund 200 Beratungsstellen Hunderttausende von Fragen und helfen bei der Lösung von Problemen, die Verbraucherinnen und Verbraucher an uns herantragen. Aus dieser täglichen Praxis wissen wir am besten, wo der Schuh drückt und wie konkrete Unterstützung aussehen muss.

Diese Erfahrungen sind Grundlage unserer Ratgeber: mit präzisen, verbraucherorientierten Informationen, zahlreichen Tipps und Hintergrundinformationen zum besseren Verständnis. Sollte für eine individuelle Frage weiterer Besprechungsbedarf bestehen, hilft unsere Beratung weiter. Eine Übersicht über unser umfassendes Angebot finden Sie unter: www.verbraucherzentrale.de

Was ist überhaupt so schlimm am Klimawandel?

Das Klima auf der Erde wandelt sich seit Jahrmillionen immer wieder. Mal wird es wärmer, mal kälter. Tier- und Pflanzenarten sterben aus und entwickeln sich neu. Derzeit allerdings befinden wir uns in einem Klimawandel, den wir Menschen verursachen. Durch unseren Lebensstil produzieren wir Klimagase, die sich in der Erdatmosphäre sammeln und diese aufheizen. Das hat zur Folge, dass die Lebensbedingungen auf der Erde sich verändern – leider in eine Richtung, die für Menschen bedrohlich ist. → Seite 125

Der heutige Forschungsstand geht davon aus, dass es eine bestimmte Konzentration von Treibhausgasen in der Atmosphäre gibt, ab der auf der Erde Prozesse ausgelöst werden, die nicht mehr umkehrbar sind. Wenn sich nichts verändert, haben wir diesen Zustand in weniger als zehn Jahren erreicht. Dann drohen noch mehr Umweltkatastrophen wie Stürme, Dürren und Überschwemmungen. Schnelles Handeln ist deshalb notwendig. → Seite 128

Macht mein Handeln überhaupt einen Unterschied?

Angesichts der Klimakrise kann einen schon mal der Mut verlassen. Doch niemand rettet die Welt allein. Auch wenn jeder Einzelne viel tun kann, um den eigenen Lebensstil nachhaltiger zu gestalten: Wir werden um politische Lösungen nicht herumkommen. → Seite 132

Um wirklich umweltfreundlich zu sein, müssen wir zusätzlich darauf hinarbeiten, dass auch die Politik mithilft. Um wirklich etwas zu verändern, müssen die umweltfreundlichsten Lösungen und die schonendsten Konsumangebote für uns alle einfach zu erreichen sein. Damit umweltfreundliches Verhalten zur Routine werden kann, müssen unsere Energieversorgung, die Landwirtschaft und unsere Mobilität so gestaltet werden, dass sie nachhaltig sind. Für solche weitreichenden Veränderungen braucht es gesetzliche Vorgaben. Und diese können nur angestoßen werden, wenn es eine laute und deutliche Nachfrage aus der Bevölkerung gibt. Fragen Sie vor der nächsten Wahl ruhig bei den Parteien nach, wie das Wahlprogramm in Bezug auf den Umwelt- und Klimaschutz aussieht.

Ich brauche mein Auto wirklich. Was kann ich sonst tun?

Umweltschutz ist individuell. Was für den einen funktioniert, ist für andere nicht umzusetzen. Seien Sie nicht zu streng mit sich. Es kommt nicht darauf an, dass Sie alle Lebensbereiche perfektioniert haben. Es genügt, zu überlegen, was für sie realistisch umsetzbar ist. Es könnte allerdings sein, dass Sie dabei ein wenig mit Ihrem „inneren Schweinehund" verhandeln müssen, denn umweltfreundliche Lösungen sind nicht immer bequem. → **Seite 18**
Fangen Sie einfach irgendwo an: Vielleicht können Sie nicht auf das Auto verzichten, reduzieren aber Ihren Plastikmüll. Sie legen pro Woche ein paar fleischlose Tage ein. Oder Sie kaufen das neue Sommerkleid im Secondhandladen und ignorieren beim nächsten Autokauf den SUV. Es kommt nicht auf Perfektion an, sondern darauf, bewusste Entscheidungen zu treffen, die zu Ihnen passen. → **Seite 13 ff.**

Ich esse gerne Fleisch, kann meine Ernährung trotzdem nachhaltig sein?

Unsere Ernährung trägt je nach Studienergebnissen etwa 15 bis 30 Prozent zu Treibhausgasen bei, die den Klimawandel verursachen. 70 Prozent dieser ernährungsbedingten Emissionen gehen auf das Konto tierischer Lebensmittel. → **Seite 57**.
Massen von Tieren belegen weltweit riesige Flächen. Um genug Futtermittel produzieren zu können, werden zusätzlich Regenwälder gerodet. „Fläche" ist keine unendliche Ressource. Viel sinnvoller wäre es, weniger Tiere zu halten und die frei werdenden Flächen dafür zu nutzen, Pflanzen für die menschliche Ernährung anzubauen oder aufzuforsten. Das würde Energie sparen und außerdem den Ausstoß des Treibhausgases Methan vermindern. Denn ja, auch Kühe pupsen.
Wenn Sie Fleisch mögen, Ihre Ernährung aber trotzdem nachhaltiger gestalten wollen, können Sie einmal pro Woche einen fleischlosen Tag einlegen. Vielleicht finden Sie ein paar neue vegane oder vegetarische Rezepte, die Lust auf mehr machen. Kaufen Sie statt billig produziertem Supermarkt-Fleisch, lieber Fleisch aus regionalen Bio-Betrieben, die ihre Futtermittel selbst herstellen. Wildfleisch aus der Region ist ebenfalls nachhaltig. → **Seite 59**

Ich brauche einen neuen Kühlschrank. Worauf muss ich achten?

Nicht jedes kaputte elektrische Gerät muss sofort ersetzt werden. Vor allem bei relativ neuen Geräten lohnt sich häufig noch eine Reparatur. Doch wenn zum Beispiel Ihr kaputter Kühlschrank mehr als zehn Jahre alt ist, kann es ökologisch gesehen sinnvoller sein, ihn zu ersetzen. Messen Sie nach, wie viel Strom er verbraucht. Würde ein neues Gerät nur die Hälfte der Strommenge benötigen, ist ein Neukauf auf jeden Fall nachhaltiger. Achten Sie beim Kauf auf die Anzeige des Energieverbrauchs und wählen Sie besonders stromsparende Produkte. → Seite 94

Ihr altes Gerät können Sie übrigens beim Händler loswerden. Dieser ist dazu verpflichtet, wenn Sie bei ihm ein neues kaufen. Falls das in Ihrem Fall nicht infrage kommt, können Sie den alten Kühlschrank als Elektroschrott beim Wertstoffhof abgeben. → Seite 81

Mein Strom ist kein Ökostrom. Ist das schlimm?

Egal welchen Stromtarif Sie wählen: Sie fördern damit bereits die Energiewende. In jede Stromrechnung wird nämlich eine Umlage einberechnet, die erneuerbare Energien fördert. Leider können die wenigsten Ökostrom-Tarife von sich dasselbe sagen. Deutsche Stromanbieter, die selbst keinen Ökostrom herstellen, können einfach Herkunftsnachweise von „echtem" Ökostrom aus dem Ausland aufkaufen und so ihren „grauen" Strom in Ökostrom umlabeln. Sie kaufen sozusagen fremdem Ökostrom seine Umweltfreundlichkeit ab. Deutsche Hersteller von Ökostrom dürfen diesen hingegen nicht als solchen verkaufen, wenn sie staatliche Förderungen erhalten. Denn dann würden sie ja zweimal an ihm verdienen. → Seite 87

Wählen Sie also beruhigt einen normalen Stromtarif und konzentrieren Sie sich stattdessen darauf, Strom zu sparen.
→ Seite 87 ff.

Es gibt im Ort keinen Unverpackt-Laden. Geht es auch anders?

Wenn Sie auf möglichst viele Verpackungen verzichten möchten, aber keinen Unverpackt-Laden in der Nähe haben, können Sie anders aktiv werden. Lose Lebensmittel bekommen Sie nicht nur im Supermarkt, sondern auch auf vielen Wochenmärkten. Sie können Ihren eigenen To-go-Becher mitnehmen und die beschichteten Wegwerfbecher im Laden lassen. → Seite 73 f.
Frischhaltefolie oder Alufolie lassen sich durch wiederverwertbare Edelstahlbehälter ersetzen, die das Pausenbrot genauso frisch halten. → Seite 69
Ab und zu wird Ihnen aber trotzdem noch die eine oder andere Plastikverpackung unterkommen. Bis Sie Alternativen gefunden haben, gehört das dazu. Sorgen Sie einfach dafür, dass Ihr Verpackungsmüll in der richtigen Recyclingtonne landet.
→ Seite 76

Gibt es „umweltfreundliches" Obst und Gemüse?

Generell können Sie alle Ihre Einkäufe in der Obst- und Gemüseabteilung deutlich umweltfreundlicher machen. Kaufen Sie möglichst unverpackt und in einem eigenen Beutel loses Gemüse oder Obst. Damit verzichten Sie schon mal auf die üblichen dünnen Plastiktüten, die später unweigerlich im Müll landen. → Seite 61
Abgesehen davon sollten Sie möglichst Obst und Gemüse kaufen, das in der Region produziert wurde und gerade Saison hat, denn das wird nicht weit transportiert oder lange gelagert. → Seite 21
Auf Zitrusfrüchte und Ananas müssen Sie nicht komplett verzichten, ebenso wenig wie auf andere exotische Früchte. Aber es lohnt sich, diese nur zu besonderen Anlässen zu kaufen und darauf zu achten, dass sie nicht mit dem Flugzeug transportiert wurden. (Sie erkennen das zum Beispiel an der Extrawerbung für „Flugmangos".) Ähnliches gilt für Avocados, die nur mit Einsatz großer Wassermengen angebaut werden können. → Seite 26

Ist Recycling wirklich so wichtig?

Rohstoffe sind wertvoll. Unser Abfall enthält viele Materialien, die noch einmal wiederverwertet werden können. Recycling ist daher eine gute Methode, um den Wertstoffkreislauf zu unterstützen. Einige Materialien können nach Gebrauch noch einmal so weiter verwendet werden wie ursprünglich gedacht („re-use"). Andere können zerlegt oder aufgespalten werden. Wenn aus einem alten Produkt ein neues, hochwertigeres entsteht, spricht man von „Upcycling". Das Gegenteil ist „Downcycling", etwa, wenn aus Altkleidern Putzlumpen werden. → Seite 76

Hilft es, auf die Zutaten von Produkten zu achten?

Ja, denn ein Blick auf die Zutatenliste vieler Erzeugnisse offenbart Inhaltsstoffe, die umweltschädlich sind. Viele verarbeitete Lebensmittel wie Schokocreme oder Fertiggerichte enthalten zum Beispiel Palmöl. Ölpalmen gedeihen nur in warmen Gebieten. Sie werden häufig dort angebaut, wo zuvor Regenwälder gerodet wurden. Um Platz für die „Industriepalmen" zu schaffen, werden Millionen Hektar Regenwald zerstört. Je weniger Nachfrage es für Palmöl gibt, desto besser. Palmölfreie Lebensmittel sowie Waschmittel oder Kosmetik ohne diesen Inhaltsstoff fördern den Umweltschutz. → Seite 27 ff., 132

Los geht's!

Es ist kein Geheimnis: Unserer Umwelt geht es schlecht und das Wirtschaftswachstum in den Industriestaaten zieht weltweite Ressourcen ab. Ausgerechnet die „zivilisierten Länder" mit dem höchsten Bildungsstand verhalten sich am umwelt**un**freundlichsten. Unser Konsumverhalten verschlechtert das Leben von Menschen in ärmeren Regionen auf der anderen Seite des Erdballs und belastet die Umwelt weltweit. Und wofür? Damit wir auf dem Sofa liegend billige Kleidung kaufen können, die anderswo mit umweltbelastenden Chemikalien hergestellt wird – und dabei ganze Flussregionen vergiftet? Für viele Menschen hat dieses alte Modell ausgedient. Es wird Zeit für ein neues. Fangen wir also an!

Keine Sorge: Es genügt, wenn Sie irgendwo anfangen

Niemand kann die Welt alleine retten. Und Sie fragen sich jetzt möglicherweise, ob es überhaupt sinnvoll ist, irgendetwas anders zu machen. Denn vielleicht sind Sie auf das Auto angewiesen oder müssen beruflich viel reisen. Lohnt sich das alles überhaupt? Ja, es lohnt sich! Denn es kommt nicht darauf an, dass Sie sämtliche Lebensbereiche perfektionieren. Es genügt, wenn Sie einfach irgendwo anfangen, Gewohnheiten zu ändern.

Vielleicht können Sie nicht auf das Auto verzichten, aber dafür reduzieren Sie Ihren Plastikmüll oder Sie legen pro Woche ein paar fleischlose Tage ein. Sie können das neue Sommerkleid im Secondhandladen kaufen, auch wenn Sie nicht vollständig auf tierische Lebensmittel verzichten möchten. Wenn Sie ein neues Auto brauchen, kaufen Sie eben nicht den SUV. Und bei der Urlaubsplanung könnten Sie überlegen, ob man die Flugreise durch etwas anderes ersetzen kann. Seien Sie nicht zu streng mit sich. Es geht nicht um Perfektion. Treffen Sie bewusste Entscheidungen, die zu Ihnen passen.

Was ist eigentlich „Nachhaltigkeit"?

Überall ist davon die Rede, dass wir endlich nachhaltiger handeln müssen – zum Beispiel um das Klima zu retten. Klingt kompliziert. Doch keine Sorge. **Nachhaltigkeit** ist nur ein umständlicher Begriff für eine ziemlich simple Sache: Wir dürfen nicht mehr verbrauchen, als die Natur uns zur Verfügung stellen kann. Gemeint ist: Dinge, die wir tun und Entscheidungen, die wir treffen, sollten so gewählt sein, dass sie keinen dauerhaften Schaden anrichten. Denn die Natur kann sich zwar regenerieren und Pflanzen können nachwachsen, aber das dauert eben seine

Lebensbereiche/Big Points

Umweltbewusste Entscheidungen lassen sich in verschiedenen Lebensbereichen treffen. Prüfen Sie bewusst, wie Sie oder Ihre Familienmitglieder sich in jedem einzelnen Bereich verhalten. Anschließend haben Sie vielleicht Ideen, wo Sie noch umweltfreundlicher entscheiden könnten.

Wichtige Konsum-Fragen

Brauche ich das wirklich?

Kann ich es ausleihen, teilen, tauschen?

Kann ich es gebraucht kaufen?

Kann ich es selbst machen?

Gibt es Neuware als öko-faires Angebot?

Zeit. Ein nachhaltiger Umgang mit der Natur berücksichtigt diese Zeit und sorgt dafür, dass sie zur Verfügung steht. Einige Ressourcen können jedoch nicht nachwachsen. Sie stehen in einer begrenzten Menge zur Verfügung. Nachhaltigkeit bedeutet in diesem Fall, dass die Ressourcen geschont werden, um möglichst lange zu reichen.

Ein Vergleich: Stellen Sie sich vor, Sie wandern mit einer Reisegruppe einen wunderschönen Weg entlang. Alle Ihre Mitwanderer tragen Rucksäcke und sind auf der Suche nach einem Rastplatz. An einem kleinen Teich findet Ihre Gruppe ein Plätzchen neben ein paar Brombeerbüschen. Ihre gesamte Reisegruppe nimmt nun die Rucksäcke ab, und alle beginnen, mit den schweren Wanderschuhen über das zarte, frische Gras zu laufen. Nach kurzer Zeit ist das Ufer eine einzige Matschwüste, aber das macht Ihnen nur wenig aus. Sie tragen ja Stiefel und morgen wandern Sie sowieso woanders hin.

Während einige damit beschäftigt sind, sämtliche Brombeeren abzupflücken, die sie finden, waschen andere ihre Kleidung im Wasser des kleinen Teichs. Natürlich benutzen sie dafür das mitgebrachte Waschmittel. Das tötet zwar Tiere und Pflanzen ab, macht aber schön sauber. Als Ihre Gruppe am nächsten Morgen abreist, lassen alle ihren Müll liegen und reißen alle Blüten rundum als Mitbringsel ab. Sie und Ihre Reisegruppe hinterlassen einen natürlichen Lebensraum, der

1 Jahrzehnt.
So lange haben wir noch Zeit, **unseren Kohlendioxid-Ausstoß** zu reduzieren, bevor sich **die Klimaprozesse** auf der Erde verselbstständigen.

eine Weile brauchen wird, bis er sich von Ihrem Besuch erholt hat. Solange die Pflanzen nicht nachgewachsen sind und der kleine Teich sich nicht regeneriert hat, steht diese Stelle jedenfalls niemandem mehr als Rastplatz zur Verfügung. Nachhaltig war der Wanderausflug also nicht.

Wenn man dieses einfache Gedankenbeispiel erweitert, wird schnell klar, dass **Nachhaltigkeit** ein sehr komplexes Thema ist. Denn natürlich beeinflussen wir nicht nur eine kleine, hypothetische Waldlichtung, sondern viel größere Bereiche, die nicht immer sofort überschaubar sind. Durch die zunehmende Globalisierung hat unser Konsumverhalten nicht nur Auswirkungen auf unsere unmittelbare Umgebung, sondern auch auf weltweite Zusammenhänge. Mit Grillkohle aus gerodetem Regenwaldholz beeinflussen wir die Regenerationsfähigkeit ganzer Ökosysteme, die sich nicht einmal auf demselben Kontinent befinden wie wir selbst. Produkte aus Erdöl sorgen dafür, dass sich Jahrmillionen alte Erdölspeicher leeren. Einmal aufgebraucht bedeutet: für immer aufgebraucht!

Schon längst befeuern wir durch unsere regionalen Entscheidungen enorme globale Prozesse. Nachhaltig zu denken, ist nicht immer einfach. Doch dieses (zugegeben, sehr konstruierte) Beispiel einer Waldlichtung macht deutlich, dass wir immer im Hinterkopf haben sollten, dass wir mit den endlichen Ressourcen der Erde vorsichtig umgehen sollten. Und auch Ökosysteme müssen die Möglichkeit bekommen, sich zu regenerieren und dadurch neue Ressourcen zu erschaffen. Dafür brauchen sie Zeit – die wir ihnen verschaffen müssen.

Für Veränderungen muss man etwas verändern

Wenn Sie die Zukunft umweltbewusst mitgestalten wollen, werden Sie um einen „neuen Alltag" nicht herumkommen. Eine Veränderung, ohne etwas anders zu machen, gibt es nicht. Vielleicht wird Ihnen das eine oder andere zunächst unbequem vorkommen. Das gehört dazu. Sie werden sich schnell umgewöhnen. Wenn Sie sofort anfangen wollen, noch bevor Sie dieses Buch zu Ende gelesen haben, fangen Sie am besten mit einem der sieben Schritte im Kasten an.

Unser Alltag wird anders werden

Ein „Weiter wie bisher" kann es nicht geben. Wenn alles so bleibt, wie es ist, werden wir die Umwelt niemals schützen und den Klimawandel nicht aufhalten. Leider haben wir uns in den letzten Jahrzehnten daran gewöhnt, dass alles „höher, schneller, weiter" gehen muss. Und es funktioniert ja auch: Die Wirtschaft wächst, wir gestalten unseren Alltag bequem mit dem Auto und essen, was wir wollen. Wenn wir in den Urlaub möchten, ist es kein großes logistisches Problem mehr, ans gegenüberliegende Ende des Erdballs zu gelangen. Wozu gibt es schließlich Billigflüge?

1. Senken Sie Ihren Energieverbrauch – auch beim Heizen.
2. Verzehren Sie weniger tierische Produkte wie Fleisch, Milch, Käse.
3. Kaufen Sie Lebensmittel, die ökologisch und sozial verträglich produziert wurden.
4. Benutzen Sie weniger motorisierte Verkehrsmittel.
5. Fliegen Sie so wenig wie möglich.
6. Nutzen Sie gekaufte Produkte so lange wie möglich – vor allem Kleidung.
7. Vermeiden Sie Abfall – vor allem Plastikmüll.

Was über viele Jahrzehnte zu funktionieren schien und sich im Laufe der Zeit als Standard etabliert hat, entpuppt sich nun als Trugbild. Denn wir leben über unsere Verhältnisse. Die Menschheit hat sich von der Natur Ressourcen geliehen und dabei gehörig verschuldet. Die Quittung bekommen wir,

Was ist der Earth Overshoot Day?

Der Earth Overshoot Day, frei übersetzt, der **Erdüberlastungstag,** ist der Tag im Jahr, ab dem die Menschheit mehr Ressourcen verbraucht hat, als die Erde in diesem Jahr erneuern kann. Dann wurden zum Beispiel mehr Bäume gefällt oder Fische gefangen, als neue nachwachsen können. Im Falle des Kohlendioxids bedeutet es: Es gelangte mehr Treibhausgas in die Atmosphäre, als durch Wälder und Ozeane wieder aufgenommen werden kann. 2020 lag der Erdüberlastungstag am 22. August, mehr als drei Wochen später als im Vorjahr.

COVID-19 hat den ökologischen Fußabdruck der Menschheit geschrumpft. Das zeigt: Es ist möglich, den Ressourcenverbrauch innerhalb kurzer Zeit zu verändern.

Die Menschheit lebt derzeit auf eine Art und Weise, die 1,75 Erden zum langfristigen Überleben nötig machen würde.
www.overshootday.org/newsroom/ press-release-june-2020-german/

weil die Folgen unserer Gewohnheiten mittlerweile nicht mehr zu übersehen sind: Müll in den Meeren, zerstörte Böden, ein Klima, das dem Hitzekollaps nahe ist.

Machen wir so weiter, zerstören wir die Lebensgrundlage vieler Menschen, noch bevor die heutigen Kitakinder in den Ruhestand gehen. Klingt überdramatisch? Ist aber Fakt. Vor allem die Kohlendioxid-Problematik führt uns vor Augen, wie schnell wir handeln müssen.

Doch wo fängt man an? Keine Sorge, Sie sind ja schon dabei. Und es ist gar nicht so schwer, den eigenen Alltag umweltbewusster zu gestalten.

 BUCHTIPP
#klimaretten (2019)
Rainer Grießhammer
Lambertus-Verlag

Konsum: Nachhaltig einkaufen

Viele Produkte, die wir aus dem Supermarkt mitnehmen oder im Internet bestellen, werden dort produziert, wo es für die Hersteller am günstigsten ist. Und nicht immer spielen Umweltstandards oder soziale Gerechtigkeit eine Rolle in der Produktionskette. Mit unserem Einkaufsverhalten können wir nicht nur dazu beitragen, die Umwelt zu schützen, sondern auch gute Lebensbedingungen für Menschen zu schaffen.

Lebensmittel und Getränke

Vom Feld bis auf den Teller können Lebensmittel viele Umwelt- und Klimabelastungen verursachen. Vor allem die Form des Anbaus gilt es hier zu beachten. Doch auch bei Verarbeitung, Transport und Lagerung sollten Sie die Augen offenhalten. Auch Getränke spielen hier eine große Rolle. Mehrwegflaschen, am besten abgefüllt in Ihrer Region, sind die umweltfreundlichste Wahl. Einwegdosen oder -flaschen sind out. Mehr zum Pfandsystem und eine kleine „Flaschenkunde" finden Sie ab → Seite 35.

Umweltbewusst in der Obst- und Gemüseabteilung

Wahrscheinlich haben Sie sich schon mal gefragt: Kaufe ich besser Bio-Möhren aus Israel oder konventionell angebaute aus Deutschland?

Grundsätzlich gilt, Sie ahnen es: Lange Transportwege sind schlechter für die Umwelt als kurze. Obst oder Gemüse, das aus der Nähe stammt, ist also im Zweifel schon mal eine gute Wahl. Doch auch die Frage, ob

Obst oder Gemüse gerade Saison hat, sollte nicht unterschätzt werden. Doch von vorn: Zunächst mal ist es so, dass der Begriff „regional" gesetzlich nicht geschützt ist.

Regionale Produkte können in Wirklichkeit aus einer Region stammen, die ziemlich weit von Ihnen entfernt liegt. Manchmal findet sogar nur die Verarbeitung von Rohstoffen in Ihrer Nähe statt und schon wird ein Produkt als regional verkauft.

Nordseekrabben, die eingefroren auf den afrikanischen Kontinent gelangen, weil sie dort preisgünstiger geschält werden können, landen nach ihrer Rückkehr als „Produkt aus der Region" im Supermarkt.

Doch selbst Gemüse, das wirklich regional angebaut wird, muss nicht gleich umweltfreundlich sein. Denn auf die Aufzucht und Lagerung kommt es an!

Die beiden Lieblingsgemüsesorten der Deutschen, Gurken und Tomaten, werden zum Beispiel regional angebaut, stammen allerdings aus energiefressenden Treibhäusern. Damit schneiden solche Erzeugnisse oft schlechter ab als naturgereifte Tomaten aus dem Mittelmeerraum.

Und das Umweltbundesamt (UBA) weist darauf hin, dass heimische Äpfel, die im Juni frisch im Laden liegen, aller Wahrscheinlichkeit nach aus der letzten Herbsternte stammen. Denn: Heimische Apfelbäume tragen im Herbst Früchte, nicht im Sommer. Das bedeutet, dass die Juniäpfel den ganzen Winter und das Frühjahr über in großen klimatisierten Hallen lagerten, was einen hohen Energieaufwand erfordert und Emissionen freisetzt. Ein frisch geernteter Apfel aus Südafrika kann dadurch unter Umständen im Mai und Juni eine bessere Ökobilanz aufweisen – obwohl er einen langen Transportweg hinter sich hat. Das liegt daran, dass Frachtschiffe sehr große Mengen transportieren können und so die Emissionen pro Kilogramm Äpfel vergleichsweise niedrig sind.

Werden Lebensmittel hingegen mit dem Flugzeug transportiert – wie beispielsweise die Flugananas oder grüner Spargel aus Peru – sieht das ganz anders aus. Auf solche Käufe sollten Sie möglichst oft verzichten.

Am umweltfreundlichsten kaufen Sie ein, wenn Sie Obst oder Gemüse wählen, das zum Zeitpunkt des Einkaufs sowieso gerade reif wird.

Sie kennen das: Spargel im Mai, Kohl im Herbst. Etwas schwieriger ist es bei Gewächsen, die zwar nicht bei uns, wohl aber woanders heimisch sind. Vielleicht müssen Sie im Internet ein wenig Detektiv spielen. Dann kommt zum Beispiel heraus, dass Orangen im Mittelmeerraum von November bis Mai reifen – also auch in unserem Winter Saison haben.

Auf Zitrusfrüchte oder die berühmte Ananas müssen Sie nicht dauerhaft verzichten. Auch hier lassen sich bewusste Entscheidungen treffen. Eine Zitrone aus Spanien reist

Heimisches Obst: Wann gibt es was?

	Jan	Feb.	März	April	Mai	Juni	Juli	Aug.	Sept.	Okt.	Nov.	Dez.
Äpfel	📦	📦	📦	📦	📦			☀	☀	☀	📦	📦
Aprikosen							☀	☀				
Birnen	📦							☀	☀	📦	📦	📦
Brombeeren								☀	☀	☀		
Erdbeeren					🌱	☀	☀	☀		🌱		
Heidelbeeren								☀				
Himbeeren						🌱	☀	☀				
Johannisbeeren							☀	☀				
Kirschen, sauer							☀	☀				
Kirschen, süß						🌱☀	☀	☀				
Mirabellen								☀				
Pfirsiche								☀				
Pflaumen								☀	☀			
Quitten										☀	☀	
Stachelbeeren							☀	☀	☀			
Tafeltrauben								☀	☀	☀		
	Jan	Feb.	März	April	Mai	Juni	Juli	Aug.	Sept.	Okt.	Nov.	Dez.

Sehr geringe Klimabelastung

 Freilandprodukte

Geringe bis mittlere Klimabelastung

 „Geschützter Anbau" (Abdeckung mit Folie oder Vlies, ungeheizt)

 Lagerware

 Produkte aus ungeheizten oder schwach geheizten Gewächshäusern

Hohe Klimabelastung

 Produkte aus geheizten Gewächshäusern

Heimisches Gemüse: Wann gibt es was?

Legende: ☀ = Freilandware · 📦 = Lagerware · 🏠 = beheiztes Gewächshaus · ⌂ = unbeheiztes Gewächshaus

	Jan.	Feb.	März	April	Mai	Juni	Juli	Aug.	Sep.	Okt.	Nov.	Dez.
Blumenkohl				⌂	☀	☀	☀	☀	☀	☀	☀	
Bohnen						☀	☀	☀	☀	☀		
Brokkoli					☀	☀	☀	☀	☀	☀		
Chicorée	📦	📦	📦	📦	📦	📦	📦	📦	📦	📦	📦	📦
Chinakohl	📦	📦	📦	⌂	☀	☀	☀	☀	☀	☀	☀	📦
Erbsen					☀	☀	☀	☀	☀			
Fenchel					⌂	☀	☀	☀	☀	☀	☀	
Grünkohl	☀	☀								☀	☀	☀
Gurken: Salat-, Minigurken		🏠	🏠	🏠/⌂	🏠/⌂	🏠/⌂	🏠/⌂	🏠/⌂	🏠/⌂	⌂		
Gurken: Einlege-, Schälgurken						☀	☀	☀	☀			
Kartoffeln	📦	📦	📦	📦	📦	📦/☀	📦/☀	📦/☀	📦/☀	📦/☀	📦	📦
Kohlrabi					⌂/☀	☀	☀	☀	☀	☀	⌂	
Kürbis	📦	📦	📦						☀	☀	☀	📦
Möhren	📦	📦	📦	📦	📦/⌂	⌂/☀	☀	☀	☀	☀	☀	☀
Pastinaken; Wurzelpetersilie	📦	📦	📦	📦					☀	☀	☀	☀
Porree (Lauch)	📦/☀	📦/☀	📦/☀	☀	☀	☀	☀	☀	☀	☀	☀	☀
Radieschen				⌂/☀	☀	☀	☀	☀	☀	☀	☀/⌂	
Rettich	📦	📦	📦		⌂/☀	☀	☀	☀	☀	☀	☀	📦
Rhabarber				⌂	☀	☀						
Rosenkohl	☀	☀	⌂						☀	☀	☀	☀
Rote Bete	📦	📦	📦	📦	📦	☀	☀	☀	☀	☀	☀	📦
Rotkohl	📦	📦	📦	📦	📦	📦/☀	☀	☀	☀	☀	☀	📦
Schwarzwurzel	📦	📦	📦						☀	☀	☀	📦

| | Jan. | Feb. | März | April | Mai | Juni | Juli | Aug. | Sep. | Okt. | Nov. | Dez. |

	Jan.	Feb.	März	April	Mai	Juni	Juli	Aug.	Sep.	Okt.	Nov.	Dez.
Sellerie: Knollensellerie	📦	📦	📦	📦	📦	📦	☀	☀	☀	☀	☀	📦
Sellerie: Stangensellerie					🌱	☀	☀	☀	☀	☀		
Spargel				🌱/☀	☀	☀						
Speiserüben (Mai-/Herbstrüben)					🌱	☀	☀	☀	☀	☀		
Spinat				☀	☀	☀			☀	☀		
Spitzkohl	📦	📦			🌱	☀	☀	☀	☀	☀	☀	📦
Steckrüben (Kohlrüben)	📦	📦							☀	☀	☀	📦
Tomaten: geschützter Anbau						🌱	🌱	🌱	🌱			
Tomaten: Gewächshaus			🏠	🏠	🏠/🌱	🏠/🌱	🏠/🌱	🏠/🌱	🏠/🌱	🏠/🌱	🏠	
Weißkohl	📦	📦	📦	📦	📦/🌱	🌱	☀	☀	☀	☀	☀	📦
Wirsingkohl	📦	📦	📦	📦	📦	🌱	☀	☀	☀	☀	☀	📦
Zucchini					🌱	☀	☀	☀	☀	☀		
Zuckermais								☀	☀	☀		
Zwiebeln	📦	📦	📦	📦	📦	🌱	☀	☀	☀	☀	📦	📦
Zwiebeln: Bund-, Lauch-, Frühlings-				🌱	☀	☀	☀	☀	☀	☀		

Heimische Salate - Wann gibt es was?

	Jan.	Feb.	März	April	Mai	Juni	Juli	Aug.	Sep.	Okt.	Nov.	Dez.
Eissalat					🌱/☀	☀	☀	☀	☀	☀		
Endiviensalat					🌱/☀	☀	☀	☀	☀	☀	☀	
Feldsalat	🌱	🌱	🌱	🌱	☀	☀	☀	☀	☀	☀	☀/🌱	🌱
Kopfsalat, Bunte Salate				🏠	🏠/🌱	🌱/☀	☀	☀	☀	☀	🏠	
Radiccio						☀	☀	☀	☀	☀	☀	
Romanasalate					🌱/☀	☀	☀	☀	☀	☀	☀	
Rucola (Rauke)	🌱	🌱	🌱	🌱	☀	☀	☀	☀	☀	☀/🌱	🌱	
	Jan.	Feb.	März	April	Mai	Juni	Juli	Aug.	Sep.	Okt.	Nov.	Dez.

deutlich kürzer als eine Frucht aus Südafrika. Früchte, die per Flugzeug transportiert wurden, können Sie bewusst meiden. Fragen Sie im Supermarkt ruhig nach! Und wenn Sie beim Kauf exotischer Früchte auch noch Produkte wählen, die ein Bio-Label oder ein Label für fairen Handel tragen, hat das weitere positive Auswirkungen. (Logos → Seite 33 f.) Es stellt dann nämlich sicher, dass die Früchte ohne Pestizide hergestellt wurden und die Menschen, die an Anbau, Ernte und Versand beteiligt sind, gute Arbeitsbedingungen haben.

Ein Blick auf die Bauernmärkte und Hofläden in Ihrer Umgebung lohnt sich übrigens auch. Hier bekommen Sie häufig Lebensmittel, die sowohl regional sind als auch Saison haben.

→ **TIPP Ran ans heimische Obst und Gemüse**
Die App „GrünZeit" der Verbraucherzentralen verrät Ihnen, in welchen Monaten heimische Obst- und Gemüsesorten reif werden. In welcher der aufgeführten Regionen Sie leben, finden Sie sicher selbst heraus.

Avocado: trendig, aber nicht nachhaltig
Kein Produkt hat in den letzten Jahren einen solchen Aufschwung erlebt wie die Avocado. Ihre gesunden Inhaltsstoffe machen sie zu einem beliebten Snack. Doch leider sind Avocados mit großen Nachteilen behaftet: Für ein Kilogramm Avocado müssen in regenarmen Gebieten wie Peru, Chile oder Israel etwa 1.000 Liter Wasser aufgewendet werden. Das ist sehr viel.

Die Transportwege sind zudem lang. Beinahe einen Monat ist eine Avocado vom Feld zu uns unterwegs – reichlich verpackt und gut gekühlt. Vielleicht liegt sie noch ein wenig in sogenannten Reifekammern. Kurz gesagt: Avocados sind zwar gesund. Ihr Kauf schadet aber der Umwelt. Wer auf die Avocado-Nährstoffe nicht verzichten möchte: Als Ersatzlieferant werden häufig Walnüsse, Leinsamen, Leinöl, Esskastanien und Oliven vorgeschlagen. Ihr Wasserbedarf liegt weitaus niedriger. Unser „Water-Footprint", also unser Wasser-Fußabdruck ist genauso wichtig wie der „Ökologische Fußabdruck". Mehr Informationen zum Ökologischen Fußabdruck finden Sie auf → Seite 129.

Für **1 kg** = **3** Avocados müssen etwa **1.000 Liter** Wasser aufgewendet werden.

Was ist Palmöl und wieso reden alle darüber?

Kein Scherz: Palmöl ist wortwörtlich in aller Munde. Es wird in Schokocreme verarbeitet, steckt in Fertiggerichten und Babynahrung, aber auch in Waschmitteln und Kosmetik. Immer wieder taucht das Thema in Diskussionen über Umweltschutz und Nachhaltigkeit auf. Doch wieso eigentlich?

Ölpalmen gedeihen nur in warmen Gebieten und können nicht im Gewächshaus angebaut werden – zumindest nicht in Industriemengen. Das passende Klima für Palmölplantagen findet sich in Gegenden, in denen auch Regenwälder wachsen. Und diese werden gerodet, um Platz für die „Industriepalmen" zu schaffen. Millionen Hektar Regenwald gehen verloren und werden, zum Teil nicht ganz legal, abgebrannt. Für Menschen und Tiere steht dieser Lebensraum anschließend nicht mehr zur Verfügung, was neben den ökologischen Problemen auch soziale Schwierigkeiten schafft.

Dass die Verwendung von Palmöl Regenwälder zerstört, hat sich herumgesprochen. Dass Palmöl Schadstoffe enthalten kann, ist bisher weniger bekannt. Diese Stoffe haben sehr lange und komplizierte Namen. Die 3-Monochlorpropandiol-Fettsäureester, kurz 3-MCPD, und die Glycidyl-Fettsäureester entstehen während der Raffination von Palmöl und sind möglicherweise krebserregend. Die sogenannte tolerierbare tägliche Aufnahme-

menge von 3-MCPD liegt für ein fünfjähriges Kind mit 18 Kilogramm bei 36 Mikrogramm (μg). Diese Menge wird durch den Verzehr von 40 Gramm Knuspermüsli, einer viertel Tafel Schokolade oder zwei bis drei Keksen gesammelt. Je weniger ein Kind wiegt, desto schneller ist der Höchstwert erreicht. Europaweit verbindliche Höchstmengen gibt es bisher nur für sehr wenige Lebensmittel (darunter Säuglings- und Kleinkindnahrung sowie Fette und Öle).

 GUT ZU WISSEN

Palmöl – und seine alias Namen

Palmöl heißt auf der Verpackung nicht immer „Palmöl". Sie finden es unter vielen anderen Bezeichnungen (→ Buchtipp). Produkte ohne Palmöl werden auf zahlreichen Internetseiten und sogar in einigen Apps aufgelistet.

Mehr als die Hälfte des importierten Palmöls wird allerdings gar nicht für Lebensmittel, Waschpulver oder Kosmetika verwendet, sondern zur Energiegewinnung. Ironischerweise auch zur Herstellung von Biodiesel.

Was ist also zu tun? Schauen Sie sich die Angaben auf den Produkten genau an und suchen Sie Alternativen ohne Palmöl – vor allem, wenn Sie Kinder haben. Wählen Sie, wenn Sie nicht darum herumkommen, Palmöl aus ökologischer und fairer Erzeugung. Achten Sie dabei auf das Bio- und Fairtrade-Siegel → Seite 34. Die einfachste Abhilfe schaffen Sie, wenn Sie viel selbst kochen und backen und dabei unverarbeitete Zutaten verwenden.

 BUCHTIPP
Der Palmöl-Kompass (2019)
Frauke Fischer, Frank Nierau
oekom Verlag

Lebensmittelverschwendung eingrenzen

Statistisch gesehen wirft jeder von uns etwa 75 Kilogramm Lebensmittel pro Jahr in den Müll. Auf ganz Deutschland hochgerechnet ergibt das rund 12 Millionen Tonnen. Das entspricht einem Wert von etwa 20 Millionen Euro. Am häufigsten werden Obst und Gemüse weggeworfen, dicht gefolgt von Fertiggerichten und Backwaren. Milchprodukte, Fleisch und „sonstige" Lebensmittel bilden das Schlusslicht.

Wenn man diese Lebensmittel gar nicht erst gekauft hätte, wären rund 480.000 Sattelschlepper weniger notwendig gewesen, um alles zu transportieren.

Welche Mengen an Wasser, Energie und Rohstoffen hätten eingespart werden können! Und welcher Schadstoffausstoß erst.

→ **TIPP** Lagern? – Ganz einfach!
Unter www.verbraucherzentrale.nrw finden Sie ein PDF mit dem „Lagerungs-ABC" für Obst und Gemüse.

Lebensmittel teilen

Gerade Ein- oder Zwei-Personen-Haushalte brauchen häufig gar nicht so viel von einem Lebensmittel, wie es die Verpackung im Supermarkt vorgibt. Hören Sie sich in Ihrem Bekanntenkreis um. Gibt es jemanden, der sich an Einkäufen beteiligen möchte und ebenfalls nur eine kleine Menge braucht?

In einigen Städten gibt es auch „Foodsharing-Schränke", in denen Sie Lebensmittel abgeben können, die Sie nicht mehr brauchen. Wer etwas benötigt, kann sich dann dort bedienen.

Die Initiative „Foodsharing e. V." setzt sich gegen Lebensmittelverschwendung ein. Weitere Informationen finden Sie unter www.foodsharing.de.

„Man lernt Lebensmittel ganz anders wertschätzen, wenn man selbst einmal eine Tomate oder Kartoffel von der Aussaat bis zur Ernte begleitet hat."

MELANIE ÖHLENBACH ist Journalistin, Autorin und Dozentin. Auf ihrem Blog „Kistengrün" schreibt sie über ihren Balkongarten und gibt Tipps für Menschen, die selbst gerne einen hätten. Mehr Tipps finden Sie auch in ihrem Buch „Grüner geht's nicht – Nachhaltig gärtnern auf dem Balkon".

Viele Menschen, die ihr Leben nachhaltiger gestalten wollen, denken über ein Gemüsebeet im Garten nach. Doch wie fängt man damit an?
Der erste Schritt: einen möglichst sonnigen Standort finden. Denn so gut wie alle Gemüsepflanzen brauchen Licht, um zu wachsen und Früchte auszubilden.

Clevere Gärtner*innen entfernen den Rasen nicht mühsam mit dem Spaten, sondern decken das abgesteckte Beet im Herbst mit Pappkarton und einer dicken Schicht Kompost, Laub oder Rasenschnitt ab. Durch das mangelnde Licht stirbt das Gras ab, sodass es im Frühjahr – je nach Bodenqualität – nur noch wenig nachgearbeitet werden muss. Wer nicht auf ebener Erde arbeiten will, kann auch in einem Rahmen-, Hügel- oder Hochbeet gärtnern.

In einem ebenerdigen oder einem Rahmen-, Hügel- oder Hochbeet kann man im Frühjahr die ersten Salate, Möhren, Radieschen und Lauchzwiebeln aussäen und setzen. Für die Sommerernte bieten sich Tomaten an, aber auch Zucchini, Bohnen und Kartoffeln. Und im Winter sorgen Wintersalate und Grünkohl für frisches Grün auf dem Teller.

Wer klug ist, setzt zeitgleich mit dem Beet auch einen Kompost auf, in dem Klein- und Kleinstlebewesen Küchen- und Gartenabfälle in nährstoffreichen Dünger umwandeln. Und gegossen wird ressourcenschonend mit gesammeltem Regenwasser.

Abgesehen vom Gemüsebeet: Wie kann ich meinen Garten noch nachhaltig gestalten?
Ein guter Anfang ist es, kein Gift im Garten einzusetzen und nicht alles sofort zurückzuschneiden und penibel aufzuräumen. Haufen aus Laub und Gehölzschnitt und wilde Ecken, die nur selten oder gar nicht gemäht werden, bieten Nahrung und Unterschlupf für Insekten, Vögel und Kleintiere. Für die Bepflanzung sind einheimische Stauden, Sträucher und Wildpflanzen eine gute Wahl. Und im Sommer freuen sich die Tiere über eine kleine Wasserstelle, an der sie ihren Durst stillen können.

Und was mache ich, wenn ich keinen Garten habe? Genügt auch ein Balkon, um Gemüse anzubauen?
Natürlich. Auf meinem Stadtbalkon wachsen etwa 50 unterschiedliche Sorten Gemüse, Kräuter, Obst, Wildpflanzen und Blumen mit essbaren Blüten – auf insgesamt sechs Quadratmetern. Gerade Kräuter, Salat und Tomate sind ein Genuss, wenn man sie frisch erntet und gleich verarbeitet. Selbst Kartoffeln, Zucchini und Himbeeren wachsen in Weinkisten oder großen Kübeln. Und wer statt Geranien und Petunien insektenfreundliche Blumen wie Goldmarie, Sonnenblume, Kissenaster und Patagonisches Eisenkraut in Bio-Qualität pflanzt, tut auch Wildbienen und Schmetterlingen etwas Gutes.

Hand aufs Herz: Menschen ohne Balkon, in einer Stadtwohnung, können beim Stadtgärtnern nicht mitmachen, oder?
Aber sicher! Schon ein Blumenkasten auf der Fensterbank bietet ausreichend Platz für Petersilie, Dill und Schnittlauch oder mediterrane Kräuter wie Minze, Rosmarin, Thymian und Salbei. Das Tolle: Ihre Blüten bieten Insekten wertvolle Nahrung. Und auch Wilde Rauke, Radieschen und kleinwüchsige Chili brauchen nur wenig Raum. Für Farbtupfer sorgen Kapuzinerkresse, Hornveilchen und Kornblumen.

Und was mache ich, wenn ich so gar keinen Grünen Daumen habe? Gibt es so etwas wie „Gemüse für Anfänger"?
Ich persönlich finde mediterrane Kräuter wie Rosmarin, Minze und Oregano sehr pflegeleicht, da sie recht genügsam sind. Bei Tomaten lohnen sich Wildsorten wie Golden Currant und Rote Murmel – vor allem, wenn man keinen überdachten Balkon hat oder kein Gewächshaus im Garten. Kapuzinerkresse, Rauke, Radieschen und Zuckerschoten sind schnell ernteif. Mein Tipp: einfach mal eine austreibende Zwiebel oder Kartoffel in die Erde zu setzen und schauen, was sich daraus entwickelt. So habe auch ich mit dem Gärtnern angefangen.

Macht ein Balkongarten meinen Alltag wirklich nachhaltiger?
Da bin ich mir ganz sicher. Schon ein paar Kisten und Terrakotta-Kübel mit Bio-Kräutern, ein ausrangierter Eimer mit insektenfreundlichen Blumen können Bienen, Hummeln, Spinnen und anderen Krabbeltieren helfen. Und mit ihnen kommen dann Vögel wie Meisen, Spatzen und Rotkehlchen auf den Balkon. So entsteht im Kleinen ein biologischer Trittstein – mitten in der Stadt! Außerdem kann ein Selbstversorger-Balkon mit Bio-Kräutern und -Gemüse Transportwege einsparen. Man lernt Lebensmittel ganz anders wertschätzen, wenn man selbst einmal eine Tomate oder Kartoffel von der Aussaat bis zur Ernte begleitet hat. Und Gärtnern entschleunigt: Am Lavendel schnuppern, ein bisschen Unkraut zupfen und den Hummeln beim Herumbrummeln zusehen, das entspannt mich zumindest ganz ungemein.

Gut geplant läuft's besser

✔ Schauen Sie vor dem Einkauf Ihre Vorräte kritisch durch und kaufen Sie nur, was Sie brauchen. Das betrifft vor allem Brot und andere leicht verderbliche Lebensmittel. Gehen Sie am besten nicht hungrig einkaufen, sonst erscheint Ihnen so ziemlich jedes Lebensmittel als lohnenswerte „Beute".

✔ Planen Sie Ihre Mahlzeiten und vermeiden Sie Spontankäufe. Ein Einkaufszettel hilft Ihnen bestimmt.

✔ Verwerten Sie Obst und Gemüse mit kleinen Dellen zuerst. Dann fängt es erst gar nichts an zu schimmeln.

✔ Backen Sie zum Beispiel aus braunen Bananen ein Bananenbrot. Aus überreifem Obst lässt sich auch gut Konfitüre oder ein Fruchtaufstrich zubereiten.

✔ Frieren Sie Speisereste ein oder stellen Sie sie kalt. Am nächsten Tag müssen Sie dann vielleicht nicht kochen.

✔ Das **Mindesthaltbarkeitsdatum** (MHD) ist überschritten? Außer bei sehr empfindlichen Lebensmitteln wie Hackfleisch, deren **Verbrauchsdatum** nicht überschritten werden darf, muss das nicht bedeuten, dass ein Lebensmittel ungenießbar ist.
Vertrauen Sie Ihrer Nase und Ihren Augen. Angeschimmeltes gehört in die graue Tonne. Achten Sie immer darauf, ob auf der Verpackung ein MHD oder ein Verbrauchsdatum angegeben ist. Lebensmittel mit einem Verbrauchsdatum tragen den Zusatz „zu verbrauchen bis". Dieses Datum gibt den letzten Tag der Haltbarkeit an. Danach muss das Produkt in jedem Fall entsorgt werden.

✔ Lagern Sie Ihre Einkäufe richtig. Je nach Lebensmittel im Kühl- oder Gefrierschrank, in fest verschließbaren Gefäßen oder luftigen Schalen.

Konsum: Nachhaltig einkaufen 33

Navigation beim Einkauf: Labels, Siegel und Gütezeichen.

Sie stehen im Supermarkt vor dem Kaffeeregal und erinnern sich dunkel:

> *Da war doch irgendwas ... Kaffee kann von Plantagen stammen, auf denen die Erntehelfer schlecht bezahlt werden, hat neulich jemand im Fernsehen gesagt. Und irgendwas über Pestizide. Aber keinen Kaffee kaufen, ist irgendwie auch keine Alternative.*

Für Situationen wie diese wurden **Verbrauchersiegel** erfunden. Sie sollen auf die Schnelle vermitteln, unter welchen besseren Bedingungen ein Produkt hergestellt, geerntet oder vermarktet wurde.

Zusammenschlüsse von Lebensmittelproduzenten wie Landwirten, Imkern oder Winzern, mit Partnern aus Herstellung und Handel, die Bio-Lebensmittel aus nachhaltig ökologischer Landwirtschaft liefern, erkennen Sie zum Beispiel an folgenden Siegeln:

→ Bio-Siegel
→ Demeter
→ Bioland
→ Naturland

Die **Siegel des Fairen Handels** (→ Beispiele auf der nächsten Seite) zeigen an, dass ein Produkt unter bestimmten, international vereinbarten Voraussetzungen hergestellt wurde. Diese sollen es auch Kleinbauern, Plantagen- und Fabrikarbeitern ermöglichen, ihren Lebensunterhalt aus eigener Kraft zu sichern. Die gerechteren Handelsstrukturen beinhalten unter anderem Mindestpreise für Rohstoffe, faire Löhne, langfristige Arbeits- und Handelsbeziehungen sowie ein Verbot von ausbeuterischer Kinder- und Zwangsarbeit. Auch der Einsatz von Gentechnik ist verboten. Aufschläge gibt es außerdem für biologisch erzeugte Lebensmittel.

Achten Sie auf folgende Label:
→ Fairtrade
→ Gepa und Gepa Fair Plus
→ Naturland Fair
→ WFTO
→ El Puente
→ Rapunzel Hand in Hand

Weil auch Überfischung ein Umweltproblem ist, das weiterhin zunimmt, gibt es entsprechende Kennzeichnungen. Die **Siegel auf Fischprodukten** sollen zeigen, dass Fische oder Meeresfrüchte nachhaltig gefangen oder gezüchtet wurden. Das bedeutet: ob Rücksicht auf die natürliche Vermehrungsrate der Tiere genommen wurde und keine ökologisch bedenklichen Fangmethoden verwendet wurden. Diese Siegel geben Ihnen Auskunft:
→ Marine Stewardship Council (MSC)
→ Bio
→ ASC

→ **TIPP** Aus dem Angebot fischen
Den aktuellen Einkaufsführer der Verbraucherzentralen finden Sie hier:
www.verbraucherzentrale.nrw/nachhaltiger-fisch

Das Label des **Deutschen Tierschutzbundes** kennzeichnet tierische Produkte, die nach strengen Tierschutzkriterien erzeugt wurden. Es steht für artgerechtere Haltung und für tierfreundliche Standards, die weit über die gesetzlichen Mindestanforderungen hinausgehen. Mehr zu Tierschutzlabeln lesen Sie unter www.verbraucherzentrale.nrw/tierwohl.

GUT ZU WISSEN

Einweg- und Mehrweg-Pfand

Das Einweg-Pfand kennen Sie sicher auch als „Dosenpfand", doch es gilt auch für Einweg-Flaschen aus Glas oder Plastik. Mehrwegflaschen werden nach der Abgabe am Pfandautomaten gesäubert und neu befüllt. Einweg-Flaschen werden stattdessen recycelt. Die Pfandgebühr für Mehrwegflaschen beträgt je nach Getränk 8 oder 15 Cent. Für Einweg-Flaschen sind es 25 Cent.

Ein Hinweis auf der Verpackung zeigt, ob Pfand erhoben wird: Einweg-Flaschen oder -dosen tragen in der Regel dieses Zeichen mit einem Pfeil.

Ursprünglich war das Einweg-Pfand dafür gedacht, umweltschädliche Einwegverpackungen für Käufer weniger attraktiv zu machen. Doch vor allem Mineralwasser wird heute überwiegend in Einwegflaschen angeboten – und gerne gekauft.

Mehrwegflaschen haben keine einheitliche Kennzeichnung. Sie erkennen sie am Zeichen mit dem Blauen Engel, einem Mehrweg-Siegel oder Aufdrucken wie „Leihflasche" oder „Mehrwegflasche". Ob ein Getränk in einer Einweg- oder Mehrweg-Verpackung verkauft wird, steht auf einem Hinweis am Verkaufsregal.

Kennzeichen für Mehrweg:
- Blauer Engel
- Mehrweg-Siegel
- Aufschriften wie: Leihflasche, Pfandflasche, Mehrweg

Getränkekauf: Mehrweg, Einweg – was ist umweltfreundlich?

Mehrwegflaschen aus der Region sind die umweltfreundlichste Wahl. Egal ob Kunststoff- oder Glasflasche: Diese Verpackungen haben gegenüber Einwegdosen oder -flaschen einen klaren Vorteil. Sie verbrauchen über ihre gesamte Nutzungsdauer hinweg weniger Rohstoffe und Energie. Das trägt weniger zum Klimawandel bei.

Mehrweg-Plastikflasche

Mehrwegflaschen bestehen aus dickerem Kunststoff. Sie erkennen sie daran, dass man sie nicht einfach zusammendrücken kann. Solche Plastikflaschen können bis zu 20-mal neu befüllt werden. Das ist weniger als bei einer Glasflasche, aber immerhin. Dass die Flaschen so leicht sind, wirkt sich positiv auf die Ökobilanz aus, auch, wenn ihr Transportweg vielleicht etwas länger ist.

Lieber nicht: Einweg-Plastikflasche

Wie der Name schon sagt, werden Einwegflaschen nur einmal befüllt, ausgetrunken und dann entsorgt – über den Pfandautomaten, die gelbe Tonne oder die Wertstofftonne. Sie gehen also nur einen Weg. Die meisten Einweg-Plastikflaschen für Getränke sind mit Pfand versehen. Sie werden nach der Rückgabe im Einweg-Pfandautomaten kleingedrückt und an Recyclinganlagen weitergegeben. Dort kann der Kunststoff vergleichsweise gut recycelt werden, weil er „sortenrein" gesammelt wird. Trotzdem bestehen neue Einweg-Plastikflaschen für Getränke gar nicht oder nur zum Teil aus recyceltem Material.

Getränkekartons

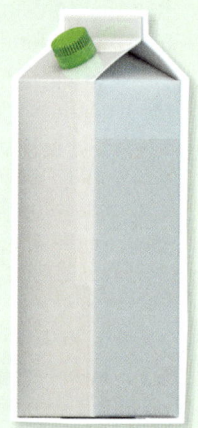

Getränkekartons (zum Beispiel Tetra Pak®) und Schlauchbeutel gehören ebenfalls zu den Einweg-Verpackungen. Nach Angaben des Umweltbundesamtes schneiden Getränkekartons und -beutel vergleichsweise gut ab, weswegen beide Verpackungen auch nicht mit einem Einwegpfand belegt wurden. Allerdings steht der Getränkekarton immer wieder in der Kritik, da nur die Papierfasern wiederverwertet werden. Aluminium und Kunststoff werden verbrannt. Bisher gibt es noch keine unabhängig errechnete Ökobilanz, die Klarheit schafft.

Konsum: Nachhaltig einkaufen **37**

Einweg-Glasflaschen

Einweg-Glasflaschen finden sich vor allem bei Saft oder alkoholischen Getränken und können nicht am Pfandautomaten abgegeben werden. Nach Farben sortiert werfen wir sie in Glascontainer, damit sie wieder eingeschmolzen werden. Glas lässt sich zwar unendlich viele Male zu Glasflaschen recyceln, doch das verbraucht sehr viel Energie und setzt CO_2 frei.

Mehrweg-Glasflasche

Der klassische Kasten Mineralwasser beinhaltet Mehrweg-Glasflaschen, die bis zu 50-mal wiederbefüllt werden können. Sie sind allerdings schwerer als Plastikflaschen und verursachen dadurch mehr CO_2-Emissionen beim Transport. Daher ist es wichtig, Mehrweg-Glasflaschen zu kaufen, die in der Region befüllt wurden. Das hält die Transportwege kurz. Milch und Milchprodukte kann man ebenfalls in Mehrweg-Glasbehältern kaufen. Doch Molkereien, die Mehrweg-Behälter abfüllen, sind nicht besonders dicht gesät. Wer sichergehen möchte, dass die Milchprodukte in der Nähe abgefüllt wurden, kann auf den aufgedruckten Hinweis achten: ein kleines Oval auf der Verpackung, das neben der Angabe zum Land (DE für Deutschland) auch eine Abkürzung des Bundeslandes (etwa BY für Bayern) enthält.

Getränkedosen

Obwohl Getränkedosen aus recyclingfähigem Aluminium oder Weißblech bestehen, ist ihre Ökobilanz nicht besonders gut. Das liegt daran, dass ihre Herstellung sehr viel Energie verbraucht. Zudem müssen Rohstoffe, wie Aluminium oder Eisenerz, aufwendig und umweltschädlich gewonnen werden. Das Aluminium der Dosen wird beispielsweise aus Bauxit hergestellt, für dessen Abbau wertvolle Wälder abgeholzt werden müssen. Auf eine Tonne Aluminium kommen außerdem bis zu vier Tonnen giftiger Rotschlamm als Abfallprodukt.

Identitätskennzeichen

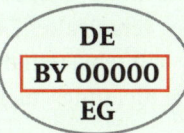

Kleidung

Abgelegte Kleidung ist ein Rohstoff. Rund eine Million Tonnen Textilien werden jedes Jahr aussortiert. Wenn Sie Ihren Schrank ausmisten und einen Stapel alter Kleidung loswerden möchten, können Sie verschiedene Möglichkeiten nutzen.

> *Waschen und spenden. Alte Kleidung kann jemand anderem noch viel nützen.*

Gibt es in Ihrer Stadt ein **Sozialkaufhaus** oder eine **Kleiderkammer,** so können Sie Ihre Sachen dorthin spenden. Achten Sie darauf, dass Sie nur gewaschene und gut erhaltene Stücke dort abgeben. Auch ein Sozialkaufhaus wird auf beschädigten oder verschlissenen Kleidungsstücken sitzen bleiben und dann fallen Entsorgungskosten an, die besser für gute Zwecke verwendet werden könnten.

Secondhandläden sind in einigen Städten längst Trend geworden. Hier decken sich nicht nur bedürftige Menschen ein. Im Gegenteil: Es ist regelrecht modern, sich auf der Suche nach einem neuen Outfit in Gebrauchtkleider-Läden umzuschauen. Das schont die Umwelt und man findet manchmal tolle Stücke, die nicht dem Mainstream entsprechen.

Oder Sie veranstalten eine Kleidertausch-Party in Ihrem Freundeskreis, zu der alle abgelegte Kleidungsstücke mitbringen

16 Kleidungsstücke sortiert jeder von uns statistisch gesehen pro Jahr aus. Das sind **1,1 Millionen Tonnen Textilien.**

und in die Runde werfen. In manchen Städten wird so etwas sogar offiziell organisiert.

Die bequemste Lösung, alte Kleidung aus dem Haus zu bekommen, ist jedoch der **Altkleider-Container.** Sie finden bestimmt einen in Ihrer Nähe – häufig in der Nachbarschaft von Glas- oder Altpapiercontainern. Hier ist es wichtig, zu wissen, dass nicht jede Altkleidersammlung von Hilfsorganisationen organisiert wird. Aussortierte Kleidungsstücke können sehr unterschiedliche Wege gehen. Sie können in Kleiderkammern landen oder von seriösen Hilfsorganisationen weiterverkauft werden. Der Erlös kommt dann karitativen Zwecken zugute.

Gewerbliche Sammler sortieren die Kleidung nicht, sondern verkaufen sie an Exportfirmen, die die Ware vor allem in ärmere Länder bringen und dort verkaufen. Unbrauchbare Kleiderspenden landen generell im Recycling und werden zu Putzlappen, Filz oder Dämmstoffen verarbeitet. Was gar nicht mehr nutzbar ist, wird verbrannt.

Der Altkleidermarkt ist ein Geschäftszweig, in dem so manche profitorientierte Firma sogar mit falschen Versprechungen lockt. Solche Anbieter sammeln Kleidung, „um Armut zu bekämpfen". In Wirklichkeit verkaufen sie jedoch das Gesammelte als Rohstoff und streichen den Gewinn für sich ein. Eine Unterscheidung ist hier gar nicht so einfach, denn auch seriöse Firmen und Hilfsorganisationen verkaufen ab und an die gesammelte Kleidung. Wenn Sie sichergehen wollen, dass der Erlös tatsächlich für wohltätige Zwecke eingesetzt wird, sollten Sie die Augen offenhalten. Doch wie erkennt man die schwarzen Schafe?

Auf der sicheren Seite sind Sie, wenn Sie eines der folgenden Logos sehen:

→ DZI Spendensiegel
→ Fairwertung
→ BVSE Qualitätssiegel Alttextilsammlung

Auch das Logo namhafter Organisationen ist ein gutes Zeichen, genau wie Sammlungen, die von Ihrer Stadt durchgeführt werden. Spenden Sie außerdem nur denen etwas, die eine deutsche Adresse angeben und unter einer Festnetznummer erreichbar sind. Fragen Sie dort im Zweifel nach, wie das Gespendete verwendet wird.

Sogar lokale Müllentsorger verwerten gespendete Kleidung seriös. Der Erlös aus deren Verkauf kann zum Beispiel die Müllgebühren geringer halten.

Was ist nachhaltige Kleidung?

Für die Herstellung eines T-Shirts braucht man Stoffe und Farben, Nahtmaterial und Etiketten. Das Kleidungsstück muss zugeschnitten und vernäht werden. Ganz zum Schluss näht jemand am Kragen das Logo der Firma ein, von der der Auftrag stammt. Anschließend wird die fertige Ware gelagert, zum Händler transportiert und verkauft. Der Preis eines T-Shirts im Laden ist natürlich höher als alle bisher verursachten Kosten, schließlich müssen auch Kaufhäuser Miete, Strom und Mitarbeiter bezahlen. Haben Sie sich schon mal gefragt, wo der Haken ist, wenn Sie ein Kleidungsstück sehen, dessen Preis einfach zu gut ist, um wahr zu sein? Ein T-Shirt, das trotz Materialverbrauch, Arbeitseinsatz, Transportkosten und Händleraufschlag am Ende nur 4,99 Euro kostet? Wie ist das möglich?

Die Antwort ist leider nicht schön. Vielleicht hatten Sie ja schon mal ein neues Kleidungsstück, das seltsam nach Chemikalien roch. Oder Sie stellten fest, dass sich der neue Pullover nach der ersten Wäsche verzogen hatte. Hier wurde offenbar an der Qualität gespart.

Doch manche Hersteller sparen nicht nur an Stoffen und Nahtmaterial, sondern auch an der Bereitstellung guter Arbeitsbedingungen. Die schrecklichen Bilder einer brennenden Textilfabrik in Bangladesch, bei der mehr als 1.000 Menschen starben, machten vor ein paar Jahren schockierend deutlich, unter welchen unmenschlichen Bedingungen große Modeketten häufig produzieren lassen. Zurecht wurden damals Stimmen laut, die eine bessere Kontrolle vonseiten der Auftraggeber forderten.

Mode, die in Industrieländern billig verkauft wird, wird häufig in Entwicklungsländern hergestellt. Das trägt dort zur Ausbeu-

> **Secondhandkleidung oder fair produzierte Ware?**
>
> Am umweltschonendsten ist es sicherlich, wenn Sie gebrauchte Kleidung kaufen. Diese muss ja nicht extra für den aktuellen Markt hergestellt werden.
>
> Wenn es ein neues Stück sein soll, schauen Sie genau hin und wählen Sie etwas, das sozial verträglich und umweltschonend produziert wurde. Informationen erhalten Sie zum Beispiel in Weltläden oder bei Anbietern von fairen Produkten. Mittlerweile haben auch große Modeketten Kleidungslinien, die bewusster hergestellt werden.

tung von Menschen und Natur bei. Viele Arbeiterinnen und Arbeiter leisten in den Textilfabriken ein enormes Arbeitspensum, das auf Dauer krank macht. Trotzdem verdienen sie damit nicht genug, um den Lebensunterhalt für ihre Familien zu bestreiten. Da in den ärmeren Staaten auch noch andere Umweltschutzbestimmungen gelten, sind Menschen, die dort Textilien bearbeiten, häufig giftigen Farbstoffen und Bleichmitteln ausgesetzt. Die chemischen Abwässer landen nicht selten ungeklärt in nahe gelegenen Flüssen.

Mittlerweile hat es sich auch bei den Herstellern von Kleidung herumgesprochen, dass VerbraucherInnen immer mehr Wert auf Sozialstandards legen. Doch sozialverträgliche Arbeitszeiten, ein fairer Lohn und ökologische Standards sind noch immer keine Selbstverständlichkeit auf dem Textilmarkt. Einige Label helfen Ihnen jedoch dabei, Kleidung zu erkennen, die „fairer" hergestellt wurde oder deren Rohstoffproduzenten fair bezahlt wurden:

→ IVN Best vom Internationalen Verband der Naturtextilwirtschaft
→ GOTS (Global Organic Textile Standard)
→ Fairtrade Cotton
→ Fair Wear Foundation
→ Cotton made in Africa

Problemfall Jeans

Die Jeans ist vermutlich eines der häufigsten Modeprodukte, die man tagtäglich auf der Straße sieht – aber leider nicht das Nachhaltigste: Die Produktion einer einzigen Jeanshose verbraucht mindestens 6.000 Liter Wasser. Mit eingerechnet sind hier die Menge der benötigten Baumwolle und deren Anbau sowie das Wasser, das für Färbe- und Bleichvorgänge benötigt wird. Bevor Sie also eine alte Jeans aussortieren: Prüfen Sie, ob Sie sie spenden, weiterverschenken oder vielleicht doch noch behalten können. Je länger eine einmal gekaufte Jeans im Umlauf ist und je weniger neu produzierte Jeans verkauft werden, desto besser.

35% der weltweiten **Baumwollproduktion** wird für die **Herstellung von Jeans** verwendet. Um **ein Kilo Baumwolle** zu erzeugen werden ca. **10.000 Liter Wasser** benötigt.

Jeans – einmal um die Welt und zurück

1. **INDIEN**
   Baumwoll-Anbau

2. **TAIWAN**
   Garnfärbung

3. **POLEN**
   Stoffwebung

4. **SCHWEDEN**
   Mode-Design

5. **PHILIPPINEN**
   Zuschnitt und Näharbeiten

6. **FRANKREICH**
   Waschanleitung

7. **GRIECHENLAND**
   Stone-Washed-Waschung

8. **DEUTSCHLAND**
   Verkauf

Bevor eine Jeans bei uns in Deutschland im Laden landet, werden ihre Einzelteile auf der ganzen Welt gefertigt und später zusammengefügt.

Eine beispielhafte Reise sieht so aus: Der Rohstoff Baumwolle wandert von Indien nach China, wo er zu Garn gesponnen wird. Das Garn muss nach Taiwan gebracht werden, denn hier entsteht in Färbereien das typische Jeansblau. In Polen wird das Garn zu Stoff und auf den Philippinen wird daraus nach einem schwedischen Muster genäht. Die Waschanleitung der fertigen Hose muss aus Frankreich geschickt werden, damit sie eingenäht werden kann. Doch erst in Griechenland erhält die Hose durch Waschungen ihren „used look". Die Jeans in unseren Schränken ist in den meisten Fällen schon deutlich weiter gereist als wir selbst.

Kosmetik

Bio- und Naturkosmetik sind in den letzten Jahren auf dem Vormarsch. Bei der Auswahl geeigneter Produkte helfen Ihnen unter anderem verschiedene Siegel.

Siegel für Kosmetikprodukte

Kosmetikprodukte können Siegel tragen, die anzeigen, dass bei der Entwicklung keine Tierversuche durchgeführt wurden. In solchen Produkten dürfen außerdem keine Inhaltsstoffe enthalten sein, die im Auftrag des Herstellers an Tieren getestet wurden.
→ Leaping Bunny

Kosmetikprodukte ohne Inhaltsstoffe von lebenden oder toten Tieren (inklusive Bienenwachs), können mit dem Vegan-Siegel ausgezeichnet sein.
→ Vegan

men die Inhaltsstoffe aus überwiegend pflanzlichen, tierischen oder mineralischen Quellen.

Zertifizierte Naturkosmetik gibt es auch als Bio-Kosmetik. Dann müssen pflanzliche oder tierische Inhaltsstoffe zu mindestens 95 Prozent aus biologischer Landwirtschaft oder Wildsammlung stammen.

→ BDIH-Siegel (Bundesverband der Industrie- und Handelsunternehmen für Arzneimittel, Reformwaren, Nahrungsergänzungsmittel und kosmetische Mittel)
→ NATRUE

Bio- und Naturkosmetik

Zertifizierte Naturkosmetik wird mit eigenen Siegeln gekennzeichnet. Bei den Inhaltsstoffen wird nicht nur auf Erdölprodukte wie Paraffin verzichtet, sondern auch auf Silikone und künstliche Duftstoffe. Stattdessen stam-

 GUT ZU WISSEN

Achten Sie bei Kosmetikprodukten darauf, dass diese mikroplastikfrei sind. Mehr zu Mikroplastik erfahren Sie
→ Seite 66. ff.

💡 Kosmetik selber machen

Lippenpflege

Die Zutaten für Lippenpflege sollten lebensmittelrein oder für die Herstellung von Kosmetikprodukten ausgezeichnet sein. Bienenwachs-Pastillen und Kakaobutter geben dieser Lippenpflege die nötige Konsistenz. Das Kokosöl macht spröde Lippen geschmeidig.

Sie benötigen:
1 TL Kakaobutter
1 TL Kokosöl
1 TL Bienenwachs-Pastillen
(gereinigt, Lebensmittelqualität)
Kleine Dose zum Aufbewahren

Schmelzen Sie im Wasserbad alle Zutaten und rühren Sie die Mischung gut um. Füllen Sie die flüssige Lippenpflege in eine kleine Dose und lassen Sie sie erkalten.

Deo-Creme

Sie können sich aus wenigen Zutaten eine eigene Deocreme anrühren.

Sie benötigen:
2 EL Natron
2 EL Speisestärke
3 EL geschmolzenes Kokosöl
100% naturreines ätherisches Öl nach Wahl
Kleine Dose zum Aufbewahren

Vermischen Sie Natron und Speisestärke. Fügen Sie das geschmolzene Kokosöl hinzu und geben Sie einige Tropfen des ätherischen Öls hinein. (Achtung: Wenn Sie allergisch auf ätherische Öle reagieren, lassen Sie den Duft einfach weg.) Füllen Sie die Mischung in ein Glas oder eine wiederverwendbare Dose und lassen Sie alles abkühlen. Und bitte nicht wundern: Kokosöl ist nur in kühlem Zustand fest. Bei einer Temperatur ab etwa 23 °C verflüssigt es sich wieder.

Duschgel

Duschgel lässt sich ganz leicht selber machen.

Sie benötigen:
50 g Naturseife (oder Kernseife)
400 ml destilliertes Wasser
2 EL Pflanzenöl (z.B. Jojoba-, Mandel- oder Kokosöl)
1-2 TL Speisestärke

Raspeln Sie die Seife klein. Erhitzen Sie das Wasser langsam in einem Topf und lösen Sie die Seife darin auf. Mischen Sie dann das Pflanzenöl hinein. Ist das Duschgel zu flüssig, können Sie es mit etwas Speisestärke andicken. Für einen angenehmen Duft können Sie, sofern Sie darauf nicht allergisch reagieren, einige Tropfen eines ätherischen Öls hinzugeben.

→ **TIPP: Haltbarkeit**
Stellen Sie nur kleine Mengen Kosmetika selbst her. Da selbstgemachtes Duschgel & Co. keine Konservierungsstoffe enthalten, sind sie nur kurz haltbar.

Körperbutter

Sie brauchen dafür:
50 g Kakaobutter
100 ml Traubenkernöl
Ätherisches Öl nach Wahl
Handmixer

Schmelzen Sie die Kakaobutter im Wasserbad und fügen Sie das Traubenkernöl hinzu. Wenn Sie nicht allergisch auf ätherische Öle reagieren, können Sie einige Tropfen eines Öls als Duftträger unterrühren. Lassen Sie die Mischung abkühlen, bis sie etwas fester geworden ist. Schlagen Sie dann alles mit einem Handmixer sahnig auf. Füllen Sie die Körpercreme zum Aufbewahren in ein Glas.

Technik und Verbrauchsgegenstände

Wenn Sie Ihren neuen Computer zehn Jahre lang nutzen, hat er so viel Energie verbraucht, wie für seine Herstellung aufgewendet wurde. Doch die meisten Computer werden schon viel früher ersetzt. Die Technik schreitet schnell voran, sodass viele Elektrogeräte schon nach kurzer Zeit „unmodern" geworden sind und ersetzt werden. Selbst Kühlschränke oder Waschmaschinen halten häufig nicht mehr so lange durch wie wenige Jahrzehnte früher. Von manchen modernen Produkten heißt es sogar, es gäbe eine eingebaute „Sollbruchstelle", die dazu führe, dass Geräte nach einer festgelegten Zeitspanne kaputtgehen. Wie auch immer die Diskussionen verlaufen, eines ist sicher: Noch nie war es so einfach – und im Vergleich preisgünstig – ein Elektrogerät zu ersetzen.

Gibt es „grüne" Elektrogeräte?
Unter „grüne" Elektronik fallen Geräte, die im Betrieb einen geringen Energieverbrauch haben und deren Hersteller dafür bekannt sind, dass sie Produkte mit einer langen Lebensdauer herstellen. Wenn Sie auf der Suche nach einem neuen Elektrogerät sind, können Sie sich folgende Fragen stellen, um eine möglichst umweltschonende Lösung zu finden:

✗ Brauche ich das Gerät wirklich dauerhaft oder kann ich es mir stattdessen im Baumarkt oder beim Nachbarn ausleihen?

✗ Muss es ein Neugerät sein? Oder ist ein Gebrauchtkauf möglich?

✗ Sind alle Extrafunktionen des Neugeräts wirklich notwendig? Welche Funktionen brauche ich wirklich?

✗ Welche Energieklasse hat das Neugerät und wie haltbar ist es? Lesen Sie seriöse Produkttests (etwa von Stiftung Warentest)!

Wenn Sie um einen Neukauf nicht herumkommen, können Sie auf den Blauen Engel und eine gute Energieeffizienzklasse achten. Die Greenpeace Studie „Grüne Elektronik Design der Zukunft" gibt außerdem Hinweise, welche Firmen zumindest einigermaßen „grüne" Elektroprodukte herstellen. Bei sehr alten Geräten wie Kühlschränken oder Waschmaschinen kann sich eine Neuanschaffung auch dann lohnen, wenn das Altgerät theoretisch noch funktioniert. Dann nämlich, wenn die alten Geräte unverhältnismäßig viel Strom verbrauchen. Ein Neugerät mit hoher Energieeffizienzklasse kann dann deutlich umweltfreundlicher sein.

Smartphones kaufen und entsorgen

Vielleicht kennen Sie das: Die neue Version eines Smartphones steht in den Läden und auf einmal scheint das alte nicht mehr gut genug. Handys werden heute beinahe so saisonal ausgetauscht wie Kleidung. Durchschnittlich zwei Jahre lang bleibt ein Mobiltelefon im Besitz vieler Menschen, bevor es durch ein neues ersetzt wird. Jede Person in Deutschland besitzt statistisch gesehen drei Handys. Darin verbaut: wertvolle Rohstoffe wie Silber, Gold, Kupfer und Platin.

Was viele nicht wissen: Die Rohprodukte für Mobiltelefone können zum Teil nicht künstlich hergestellt werden. Seltene Metalle gibt es außerdem nicht überall auf der Welt. Einige Rohstoffe stammen aus den ärmsten Regionen der Erde und werden unter gefährlichen und oft menschenunwürdigen Bedingungen abgebaut. Allein deshalb lohnt es sich schon, mit den resultierenden Produkten nicht sorglos umzugehen.

 GUT ZU WISSEN

Bislang kann kein Smartphone-Produzent vollständig umwelt- und sozialverträglich produzierte Geräte anbieten. Die Firmen Fairphone und Shiftphone, bemühen sich allerdings deutlich um hohe Standards. Das kann sonst kaum ein anderer Hersteller von sich sagen.

Umweltbewusster Handykauf

✔ Nutzen Sie Ihr Mobiltelefon so lange wie möglich. Hinterfragen Sie den Drang, „auf dem neuesten Stand" zu sein. Für volle Speicher gibt es zusätzliche Speicherkarten.

✔ Kaufen Sie gebrauchte Geräte. Bringen Sie das Betriebssystem durch Updates auf den aktuellen Stand. Das erhöht die Nutzungsdauer.

✔ Meiden Sie Chemikalien wie PBB (Polybromierte Biphenyle), PBDE (Polybromierte Diphenylether) oder Chlorparaffine. Diese sind besonders gesundheitsschädlich und umweltbelastend. Welche Materialien in einem Smartphone verbaut wurden, ist für Laien allerdings kaum festzustellen. Wer nicht beim Hersteller des Smartphones gezielt nach Schadstoffen fragen möchte, kann einen Blick in die Greenpeace Studie „Grüne Elektronik Design der Zukunft" werfen. Die bezieht sich nämlich auch auf Smartphones.

✔ Prüfen Sie, ob ein defektes Smartphone repariert werden kann. Fachbetriebe tauschen beschädigte Displays aus, setzen neue Akkus ein und beseitigen kaputte Home Buttons. Einzig Wasserschäden sind häufig ein Totalschaden.

Und wenn doch mal was endgültig kaputt ist?
Natürlich können Sie Ihr Handy auch beim Händler abgeben. Die umweltfreundlichere Alternative ist aber: Spenden Sie Ihr Telefon. Verschiedene Organisationen sammeln alte Handys und entnehmen vor dem Entsorgen alle Rohstoffe. Der Erlös fließt in wohltätige Projekte.

Stoffbeutel oder Plastiktüte?

Baumwollbeutel gelten als umweltfreundliche Alternative zur Plastiktüte. Doch ihre Ökobilanz sieht bei Weitem nicht so gut aus, wie man annehmen dürfte. Der Grund ist: Für einen Baumwollbeutel müssen Baumwollpflanzen angebaut werden. Damit Insekten die Ernte nicht gefährden, werden häufig Pestizide eingesetzt, die die Umwelt stark belasten. Auch die eigentliche Herstellung von Baumwollstoff verbraucht eine große Menge an Energie und Wasser und ist zudem nicht immer sozialverträglich.

Das britische Umweltministerium hat in einer Studie errechnet, dass ein Stoffbeutel 131-mal benutzt werden muss, bevor er sich – ökologisch gesehen – rentiert. Wenn Sie umweltfreundlich einkaufen wollen, sollten Sie sich also Stoffbeutel aussuchen, die gut verarbeitet sind und lange halten. Sie können zwischen Baumwolle, Bio-Hanf und Bio-Leinen wählen. Am besten suchen Sie sich ein Produkt, das auch noch fair gehandelt wurde. Wenn Sie den Beutel dann jeden dritten Tag benutzen, hat er sich nach etwa einem Jahr „rentiert".

Übrigens: Sollten Sie noch alte Plastiktüten haben: Nicht wegwerfen! Nutzen Sie sie erneut. Wichtig ist später nur die Entsorgung in der gelben Tonne, dem gelben Sack oder der Wertstofftonne → Seite 77 f.

Ein Stoffbeutel muss
131-mal
benutzt werden, bevor er sich – ökologisch gesehen – rentiert.

Und Papiertüten?

An vielen Kassen findet man neben Mehrwegbeuteln auch Papiertüten in verschiedenen Formaten. Doch wie umweltfreundlich ist die neuerdings übliche Papiertüte? Sie besteht ja schließlich aus Recyclingpapier, oder? Leider nicht unbedingt. Die braune Farbe der Papiertüte im Supermarkt garantiert nicht, dass Altpapierfasern in der Tüte stecken. Nur Tüten, die mit dem Umweltzeichen „Blauer Engel" ausgezeichnet sind, wurden ausschließlich aus recyceltem Papier hergestellt. Für diese wurden keine Bäume gefällt.

Wenn es also eine Papiertüte sein soll, dann achten Sie darauf, dass diese zu 100 Prozent aus Altpapier besteht. Verwenden Sie die Tüte dann mehrfach. Denn nur dann ist ihre Ökobilanz besser als die einer Plastiktüte. Zu bedenken ist allerdings, dass Papiertüten viel schneller reißen als Plastiktüten und daher im Zweifel gar nicht so lange halten, bis sie sich ökologisch gesehen „rechnen". Prüfen Sie also bewusst, wofür Sie Ihre Tüten verwenden wollen und nutzen Sie im Zweifel statt einer Papiertüte lieber einen wiederverwendbaren Beutel aus Kunststoff, am besten die mit dem „Blauen Engel", oder aus Baumwolle.

 GUT ZU WISSEN

„Blauer Engel"

Produkte und Dienstleistungen, die umweltfreundlicher sind als vergleichbare Angebote, können mit dem Blauen Engel ausgezeichnet werden.

Wegwerfwindeln oder Stoffwindeln?

Eine Studie aus dem Jahr 2005 hatte ursprünglich ergeben, dass es zwischen Wegwerfwindeln und wiederverwendbaren Stoffwindeln keinen großen Unterschied in der Ökobilanz gibt. Während Wegwerfwindeln mehr Müll verursachen, müssen Stoffwindeln nach jeder Nutzung gewaschen werden, was Energie und Wasser verbraucht.

Mittlerweile haben sich die angebotenen Windelsysteme weiterentwickelt. Neben der herkömmlichen Wegwerf-Einwegwindel gibt es auch Windeln im Baukastensystem, die aus einer Überhose, einem waschbaren Saugkern und einer Vlieseinlage bestehen. Das Vlies wird nach dem Benutzen entsorgt, der Rest kann gewaschen werden.

Herkömmliche Wegwerfwindeln bestehen aus frischem Zellstoff, der aus Bäumen hergestellt wurde. Die Produktion solcher Windeln erfordert außerdem einen hohen Verbrauch von Wasser, Chemikalien und Energie. Nach dem Gebrauch verursachen Wegwerfwindeln einen großen Müllberg.

Wiederverwendbare Windelsysteme verbrauchen beim Waschen vor allem Wasser und Energie. Die Ökobilanz hängt hier auch noch davon ab, wie heiß die Windeln gewaschen werden (60 °C genügen häufig) und ob man ein umweltfreundliches Waschpulver nutzt.

> Etwa
> **5.000** Mal
> wird ein Kind in seinem Leben **gewickelt.**
> In Deutschland kommen wir damit auf etwa
> **4 Millionen Windeln**
> pro Tag.

Da es keine aktuellen Daten zur Ökobilanz von Wegwerfwindeln im Vergleich zu Stoffwindeln gibt, ist es schwierig zu bestimmen, ab wann welche Variante bessere Werte aufweist. Wer sich mit waschbaren Windeln nicht anfreunden kann, aber mit den herkömmlichen Einwegwindeln nicht zufrieden ist, für den bietet das Umweltzeichen Blauer Engel eine Alternative. Halten Sie beim Windelkauf Ausschau danach.

 GUT ZU WISSEN

Keine Giftstoffe in Fertigwindeln

Das schweizerische Bundesamt für Lebensmittelsicherheit und Veterinärwesen überprüfte 20 verschiedene Einwegwindeln auf Schadstoffe, nachdem eine französische Studie Fragen zu möglichen Giftstoffen aufgeworfen hatte. Das Ergebnis: Aus keiner der getesteten Windeln lösten sich kritische Schadstoffe. Auch nicht nach Kontakt mit Urin. Toxikologen der Universität Würzburg bestätigten: Die Ursprungsstudie war offenbar mithilfe zermahlener Windelmaterialien erstellt worden. Zudem lagen die Teststoffe bis zu 16 Stunden lang in einer künstlichen Urinflüssigkeit. Kein Vergleich also zu einer echten Windel und einem echten Babypopo.
(Stand 10/2018)

Putzmittel selber machen

Allzweckreiniger

Einen guten Allzweckreiniger können Sie ganz einfach selbst herstellen. Am besten mischen Sie dabei nur so viel an, wie Sie in wenigen Wochen verbrauchen. Denn durch die fehlenden Konservierungsstoffe – und weil die Zutaten alle natürlich sind – ist selbst gemachter Reiniger nicht so lange haltbar wie gekaufter.

Sie benötigen:
1 TL Natron
1 TL geriebene Kernseife
1 Tasse warmes Wasser
Ätherisches Öl nach Wunsch

Lösen Sie die Kernseifen-Flocken durch Rühren im Wasser auf. Fügen Sie alle anderen Zutaten hinzu und füllen Sie alles in eine Sprühflasche. Das ätherische Öl ist nicht unbedingt notwendig, auch wenn Öle wie Teebaum- oder Eukalyptusöl eine antibakterielle Wirkung haben. Wenn Sie auf ätherische Öle allergisch reagieren, sollten Sie darauf verzichten.

Bad-Reiniger

Für einen Bad-Reiniger, der sowohl Kalk als auch Fett löst, brauchen Sie nur wenige Zutaten:

Das brauchen Sie:
500 ml lauwarmes Wasser
50 g kristalline Zitronensäure
1 TL Bio-Spülmittel

Lösen Sie die Zitronensäure im Wasser auf und fügen Sie dann das Spülmittel hinzu. Füllen sie alles in eine Flasche oder Sprühflasche. Sie können den Reiniger gegen Kalk und Urinstein einsetzen. Beachten Sie jedoch, dass er nicht für säureempfindliche Materialien wie verchromte Armaturen, Marmor, Granit oder Naturstein geeignet ist.

Fenster-Reiniger

Eine alte Spülmittelflasche können Sie zweckentfremden und ganz einfach selbst nachfüllen.

Sie benötigen:
125 ml Wasser
125 ml Spiritus (Bio Ethanol aus dem Baumarkt)
1 TL Apfelessig

Mischen Sie alles zusammen und bewahren Sie es in einer Flasche auf. Die Mischung eignet sich nicht zum Sprühen, da Spiritus in Verbindung mit Luft explosive Gemische bilden kann. Zum Putzen tränken Sie ein Tuch in etwas Lösung und fahren damit über das Fenster.

Rohr frei – umweltfreundlicher Rohr-Reiniger

Sie brauchen:
1 Päckchen Natron
½ Glas Tafelessig

Streuen Sie das Natron in den Abfluss und gießen Sie den Essig hinterher. Abstand halten: Es zischt und schäumt. Drehen Sie nach etwa 30 Minuten das heiße Wasser auf und spülen Sie nach. Statt Natron können Sie 4 EL Waschsoda benutzen. Dieses wirkt stärker alkalisch.

> ❗ **ACHTUNG**
>
> - Füllen Sie selbstgemachte Putzmittel immer nur in alte Putzmittelflaschen. Benutzen Sie niemals leere Getränkeflaschen oder Lebensmittelverpackungen. Das kann zu gefährlichen Verwechslungen führen.
> - Beschriften Sie alle Behältnisse mit einem Stift, der nicht abwischbar ist.
> - Achten Sie darauf, dass Sie den Staub trockener Rohstoffe wie Zitronensäure, Natron oder Waschsoda nicht einatmen. Vermeiden Sie Augen- und Hautkontakt.
> - Bewahren Sie Putzmittel und Rohstoffe immer außerhalb der Reichweite von Kindern auf.

Nachhaltig essen:
Weniger Tierprodukte

Nicht alle Lebensbereiche lassen sich problemlos verändern. Die Entfernung zum Arbeitsplatz oder die Energiebilanz einer Mietwohnung sind zum Beispiel eher festgelegt. Doch in einem Bereich können wir schon durch einfache Maßnahmen umweltbewusst handeln: bei unserer Ernährung. Je weniger tierische Produkte wir essen, desto besser ist es für die Umwelt. In diesem Kapitel erfahren Sie, wo Sie ansetzen können und welche Tierprodukte nachhaltig sein können.

Klimaschutz durch weniger Tierprodukte?

Laut Aussage des WWF gehen 70 Prozent der Treibhausgase, die unsere Ernährung verursacht, auf das Konto tierischer Produkte. Immer wieder liest man irgendwo, der Verzicht auf Fleisch oder andere tierische Erzeugnisse sei gut für die Umwelt und vor allem für unser Klima. Doch was hat das Filet auf dem Sommergrill oder unsere Käsestulle mit dem Klimawandel zu tun?

Wie so häufig geht es um den Verbrauch von Energie und Ressourcen. Wer Käse oder Hackfleisch herstellen will, muss Rinder oder Schweine halten. Weltweit sind das Massen von Rindern, die riesige Flächen belegen, die dadurch nicht bepflanzt werden können. Die Herstellung tierischer Produkte verbraucht außerdem viel mehr Energie als der Anbau von Obst oder Gemüse. Zudem produzieren die Wiederkäuer in den Viehhaltungen Gase wie Methan. Aus Gülle und Mist von Schweinen und Geflügel wird Lachgas freigesetzt. Beide gehören wie Kohlendioxid (CO_2) zu den Treibhausgasen. Durch die Gülle der Tiere entstehen zudem Wasserverschmutzung und eine Belastung der Luft durch Stickstoffemissionen (etwa Ammoniak und Lachgas).

> **Omnivor, vegetarisch, vegan für den Klimaschutz?**
> Welcher Ernährungsstil für Sie der Richtige ist, entscheiden Sie alleine. Die omnivore Ernährung beinhaltet sowohl Fleisch als auch Pflanzen. Vegetarier essen keine Fleisch- oder Fischprodukte, verzichten aber nicht auf Milch oder andere tierische Produkte. Menschen, die sich vegan ernähren, essen ausschließlich pflanzliche Produkte. Auch Milch, Käse oder Honig wird man auf einem veganen Speiseplan vergeblich suchen. Zudem verzichten viele Veganer zum Beispiel auf Lederschuhe oder -taschen.
> Wenn Sie Ihren Ernährungsplan grundlegend verändern möchten oder unsicher sind, sprechen Sie vorher mit einem Arzt, einer Ärztin oder vereinbaren Sie eine Ernährungsberatung.

Die Flächenbelegung resultiert vor allem aus dem Futteranbau, für die (Stall-)Haltung benötigt man zumindest in Europa nur wenig Flächen. Vor allem Geflügel und Schweine werden häufig mit Soja gefüttert. Der Anbau dieser Pflanzen erfordert landwirtschaftliche Flächen. Die liegen jedoch nicht vor unserer Haustür, sondern oft in Regenwäldern – besser gesagt, in den Regionen, die mal Regenwälder waren, bevor man dort rodete. Die intensive Pflanzenproduktion laugt die Böden im Laufe der Zeit aus und lässt sie ohne Nährstoffe und durch Verdichtung zerstört zurück. Der Energie- und Wasserverbrauch für Tierhaltung und Produktion ist natürlich ebenfalls enorm.

Also: Wer ein paar Tage in der Woche auf Fleisch, Butter, Milch oder Käse verzichtet, und/oder zum Beispiel Alternativen wie Hafermilch oder vegetarische Aufstriche entdeckt, hilft, die Nachfrage im Handel zu senken. Die Folge wäre: weniger Tierhaltung, weniger Flächenverbrauch, weniger Zerstörung von Regenwäldern, weniger Energieverbrauch und vor allem weniger Ausstoß von Klimagasen. 2019 haben Futtermittel für Nutztiere in Deutschland bereits 60 Prozent der verfügbaren Ackerflächen belegt. Warum also nicht gleich pflanzliche Nahrungsmittel anbauen und den Regenwald einfach Regenwald sein lassen?

Vor allem das Senken der Treibhausgas-Konzentration in der Atmosphäre würde dann von zwei Seiten geschehen. Durch die intakten Regenwälder kann wieder mehr Kohlendioxid in den Pflanzen gebunden werden. Und es gelangen weniger Treibhausgase in die Atmosphäre.

Laut einer Studie des WWF könnten wir in Deutschland etwa neun Millionen Tonnen an Treibhausgasen einsparen. Umgerechnet entspricht das der Menge, die ein Auto auf 75 Milliarden Kilometern verbraucht. Was man dafür tun muss? Mindestens einmal die Woche vegetarisch oder vegan essen. Welche Entscheidungen wir in Bezug auf unsere Ernährung treffen, hat größeren Einfluss auf den Klimaschutz als der Verzicht auf Konsumgüter. Je weniger tierische Produkte wir brauchen, desto besser fürs Klima.

Übrigens: Wenn Sie absolut nicht auf Fleisch verzichten wollen, können Sie als Alternative einfach sehr genau hinschauen, was Sie kaufen. Etwas günstiger für die Umwelt sind tierische Produkte aus regionalen Bio-Betrieben, die ihre Futtermittel selbst erzeugen, oder Wild aus der Region. Hierfür müssen Sie tiefer in die Tasche greifen und Glück haben, denn nicht immer reicht das Angebot für die große Nachfrage aus. Früher muss es ähnlich gewesen sein. Fleisch gab es nur zu besonderen Anlässen. Daher stammt der Name **Sonntagsbraten.**

> **Welche Umweltprobleme verursachen tierische Produkte?**
> - Flächenverbrauch
> - Bodenschäden
> - Ausstoß von Treibhausgasen
> - Feinstaub
> - Abholzen von Regenwäldern
> - Verlust von Tier- und Pflanzenarten
> - Energie-/Wasserverschwendung
> - Wasserverschmutzung
> - Soziale Ungerechtigkeit

Um die

60
Kilogramm
Fleisch pro Jahr

verzehrt jede und jeder von uns statistisch gesehen.

Weniger ist mehr: Abfall

Für unsere Großmütter war es normal, Milch beim Bauern zu holen und Brot selber zu backen. Viele Lebensmittel wurden frisch gekauft oder geerntet – und häufig noch am selben Tag verbraucht. Heutzutage werden neben Lebensmitteln auch andere Produkte des täglichen Lebens mit mehreren Verpackungsschichten verkauft. Dabei entstehen so viele Abfälle, dass wir langsam nicht mehr wissen, wohin damit. Es ist Zeit, irgendwas anders zu machen.

Zero Waste heißt der neue Trend. Das bedeutet so viel wie „kein Müll". Müllvermeidung ist mittlerweile so trendig geworden, dass Sie zahlreiche Bücher, Webseiten und Youtube-Kanäle finden werden, die Ihnen Tipps geben, wie man Plastik im Alltag vermeiden kann.

Besonders hart gesottene Anhänger der Zero-Waste-Bewegung haben sogar ein Einmachglas in ihrer Küche stehen, das den Müll eines ganzen Jahres enthält. Doch keine Sorge: Es geht auf jeden Fall auch eine Nummer kleiner.

Ein paar unangenehme Wahrheiten über Plastik

Wappnen Sie sich. Die nächsten Informationen will kaum jemand hören. Aber um zu wissen, was wir besser machen können, sollten wir wenigstens verstehen, warum das Plastik eigentlich so oft als „umweltschädlich" in den Medien ist.

Leider sind Kunststoffe ein echtes Problem geworden. Sie sind zwar während der Nutzung unkompliziert, bauen sich aber nach dem Wegwerfen schlecht ab und landen häufig durch ungeregelte Entsorgung in der Umwelt. Früher gab es sie außerdem nicht in solchen Unmengen wie heute. Das Prinzip „Einmal nutzen und dann wegwerfen", ist ein vergleichsweise neues Phänomen. Doch je günstiger in der Vergangenheit Plastikverpackungen hergestellt werden konnten, desto mehr gab es davon. Eine Weile fiel das auch gar nicht auf, denn die Verpackungen, die im Müll landeten, kamen uns nie wieder unter die Augen. Das menschliche Gehirn ist hier schlicht gestrickt: Was man nicht sieht, kann keine unmittelbare Bedrohung sein, oder? Doch in den letzten Jahren taucht das Plastik an Stellen auf, an denen wir es nicht sehen möchten: am Badestrand zum Beispiel oder im Magen niedlicher Delfine. Auf einmal ist die enorme Haltbarkeit von Plastik ein Nachteil. Wir haben im Laufe der Zeit so viel davon weggeworfen, dass es uns jetzt auf Umwegen wieder in die Quere kommt.

Die Vereinten Nationen schätzen, dass sich in den Ozeanen rund um den Erdball eine Plastikmenge von etwa 150 Millionen Tonnen angehäuft hat. Untersuchungen an verendeten Seevögeln lassen vermuten, dass schätzungsweise zwei Drittel der Seevögel weltweit Plastikstücke im Magen haben. Die Tiere verwechseln die Kunststoffe mit Nahrung.

Forschungsgruppen der NASA haben mithilfe von Satellitenbildern ausgewertet, wie

Der „Pazifische Müllstrudel", besteht aus
3 Millionen Tonnen Plastikmüll
und ist so groß wie Mitteleuropa, er treibt als
gigantische „Insel"
im Meer.

die großen Meeresströmungen den Plastikmüll innerhalb der Ozeane bewegen. Heraus kam ein erschreckendes Ergebnis: Der Müll der Meere wird von Meeresströmungen zusammengeschoben und sammelt sich in riesigen Müllstrudeln. Einer davon, der „Pazifische Müllstrudel", liegt zwischen Hawaii, dem amerikanischen Festland und Asien. Er besteht aus drei Millionen Tonnen Plastikmüll, ist so groß wie Mitteleuropa und treibt als gigantische „Insel" im Meer. Das Herausfischen des Plastiks ist leider gar nicht so einfach und selbst wenn es jemandem gelänge, müsste der Müll ja anschließend irgendwo hin.

Die Plastikindustrie ist riesig: Zwischen 1950 und 2015 wurde auf der Erde eine Plastikmenge produziert, die so groß ist, dass auf einen heute lebenden Menschen eine Tonne Plastik kommt. (Die Zahl, um die wir uns hier gerne herumdrücken würden, lautet: 8,3 Milliarden Tonnen.) Allein in den USA werden in den nächsten Jahren Produktionssteigerungen um die 30 Prozent erwartet. Dabei werden etwa 99 Prozent aller Plastikwaren aus Kohle, Öl oder Gas hergestellt. Diese fossilen Rohstoffe sind – die Medien berichten darüber – ein knappes Gut und nicht unendlich verfügbar. Trotzdem sind sie die Grundlage für die Plastikherstellung und damit nicht nur mitverantwortlich für jede Menge Müll, sondern auch für die Produktion von Klimagasen in den Produktionsbetrieben.

Leider ist das Plastikproblem selbst mit gutem Recycling nicht zu lösen. Das Einzige, was hilft ist, auf Einwegplastik zu verzichten. Da wir uns in den letzten Jahren an ei-

Wie lange dauert es, bis Müll im Meer zerfällt?

Obstschalen
ca. 2 bis 5 Wochen

Zigarettenstummel
ca. 1 bis 5 Jahre

Plastiktüten
ca. 10 bis 20 Jahre

Getränkedosen
ca. 80 bis 100 Jahre

Plastikflaschen
ca. 450 Jahren

Vom Strohhalm bis zum Backpapier – worauf können Sie verzichten?

Tipps für Zero Waste:

- Prüfen Sie, welche Verpackungen wirklich notwendig sind. Wählen Sie im Zweifel die weniger oder nicht verpackte Alternative.

- Gibt es in Ihrer Region Wochenmärkte oder Bio-Höfe? Wenn nicht: Sie können zumindest diese dünnen Plastiktütchen in der Gemüseabteilung weglassen und stattdessen ein Gemüsenetz nutzen.

- Lassen Sie das Backpapier weg und fetten Sie stattdessen ganz altmodisch das Blech ein. Wiederverwendbare Backunterlagen werden häufig aus Materialien hergestellt, die die Umwelt belasten und sind keine gute Alternative.

- Leere Schraubgläser können Sie als Vorratsbehälter wiederverwenden.

- Manche Großpackung ist weniger verpackt als viele kleine. Lagerfähige Waren können Sie also in größeren Mengen kaufen.

- Benutzen Sie Mehrwegbeutel statt Plastiktüten.

- Schauen Sie sich in Ihrem Badezimmer um. Überlegen Sie, welche Shampooflasche und welche Duschgeltube Sie ersetzen können. Es gibt feste Shampoos, Conditioner, Duschgele oder Körperseifen, die alle ohne Plastikverpackung auskommen. Damit nicht nur die Verpackung, sondern auch der Inhalt stimmt: Wählen Sie zertifizierte Naturkosmetik!

- Getränke in Einwegflaschen? Nein. Kaufen Sie Getränke in Mehrwegflaschen aus Ihrer Region. Trinken Sie Leitungswasser. Das kommt ganz ohne Verpackung und Transport aus.

- Kaufen Sie keine Trinkhalme aus Plastik oder Pappe. Nehmen Sie stattdessen wiederverwendbare aus Glas oder Edelstahl.

Weniger ist mehr: Abfall

✔ Ersetzen Sie Einwegputztücher, kurzlebige Spülschwämme und Küchenrollen durch langlebige, waschbare Putztücher. Bei hartnäckigen Verkrustungen helfen Schwämme aus Edelstahl.

✔ Plastikteller und -besteck beim Kindergeburtstag? Lieber nicht. Verwenden sie „richtiges" Geschirr.

✔ Als Hygieneprodukte für Frauen wurden lange Zeit Binden und Tampons in den Vordergrund gerückt, die allerdings zum Teil Kunststoffe beinhalten. Doch es gibt waschbare Binden und wiederverwendbare Menstruationstassen. Das spart eine Menge Abfall und Zellulose.

✔ Verzichten Sie auf Wattepads. Nutzen Sie wiederverwendbare, waschbare Kosmetikpads.

✔ Verwenden Sie Dinge wieder: zum Beispiel die Gummibänder von Gemüsebündeln oder alte Schraubgläser (am besten solche mit blauer, PVC-freier Deckeldichtung). Plastikbehälter von Margarine oder Eis sollten Sie hingegen aus gesundheitlichen Gründen vorsorglich nicht für Lebensmittel weiterverwenden.

✔ Verwenden Sie losen Tee und ein Teesieb statt Teebeutel. Kaffee können Sie auch ohne Filter, Pads und Kapseln in einer „French Press" kochen.

✔ Reparieren Sie defekte Produkte und alte Kleidung. Damit verlängern Sie die Zeit bis Alltagsprodukte zu Abfall werden.

✔ Vermeiden Sie Papiertüten beim Bäcker, in dem Sie Brotbeutel aus Stoff mitnehmen.

✔ Unverpackt-Läden verkaufen nicht nur lose Lebensmittel, sondern auch Putz- und Hygienemittel zum Selbstabfüllen. Schauen Sie dort mal vorbei.

GUT ZU WISSEN

Neues Gesetz bringt Lichtblick

Achtung: Werfen Sie jetzt bloß nicht alle Plastikprodukte Ihres Haushalts weg, nur, um dann umweltfreundliche neue zu kaufen! Das schafft neuen Müll. Benutzen Sie alles so lange weiter, wie es geht, aber verzichten sie auf den Neukauf von Einwegplastik. Die Kaufverlockung dürfte da sowieso schwinden. Einwegprodukte aus Kunststoff werden nicht nur in Deutschland verboten. Ab dem 3. Juli 2021 ist die Herstellung bestimmter Plastikprodukte EU-weit nicht mehr erlaubt. Mehr dazu unter **www.bundesregierung.de/breg-de/themen/nachhaltigkeitspolitik/einwegplastik-wird-verboten-1763390**

nen bestimmten wirtschaftlichen Standard und an bestimmte Voraussetzungen beim Einkauf gewöhnt haben, wird ein Verzicht auf Plastikprodukte allerdings nicht nebenbei passieren. Es ist unbequem, in einen weiteren Supermarkt zu fahren, weil der, in dem man steht, nur eingepackte Paprika verkauft. Es ist doof, auf den Morgenkaffee zu verzichten, weil man den To-go-Becher zu Hause vergessen hat. Und es wird auf jeden Fall eine Umstellung sein, auf einmal den Herstellungsprozess von Produkten zu hinterfragen,

die „immer schon" ganz selbstverständlich im Einkaufskorb gelandet sind. Aber nur so geht es: durch Umgewöhnung. Und die kann sogar richtig Spaß machen.

Das Prinzip ist klar, oder? Vielleicht fällt Ihnen noch mehr ein. Oder Sie machen einfach einen Familienwettstreit daraus. Wer die meisten Punkte im Haushalt findet, an denen man Plastik einsparen kann, hat gewonnen. Warum es dennoch nicht ohne politische Lösungen geht, erfahren Sie auf Seite 130 ff.

Was ist Mikroplastik?

Mikroplastik entsteht auf zwei Arten: Ein Teil wird absichtlich als Mikroplastik hergestellt und unter anderem in Pflegeprodukte oder dekorative Kosmetik gemischt. Ein anderer Teil entsteht, wenn größere Plastikteile nach und nach in der Umwelt zerkleinert werden, durch Reifenabrieb oder wenn sie sich beim Waschen von Synthetikkleidung abreiben.

In Deutschland gelangen jährlich 977 Tonnen Mikroplastik aus Kosmetikprodukten und Reinigungsmitteln ins Abwasser, das ist nur ein kleiner Prozentsatz des gesamten Mikroplastiks, aber trotzdem zu viel. Die Partikel sind so fein, dass Kläranlagen sie nicht vollständig entfernen können, wodurch immer wieder Mikroplastik ins Meer gelangt.

Mikroplastik bedeutet:

- feste Kunststoffteilchen,
- kleiner als 5 mm,
- nicht biologisch abbaubar.

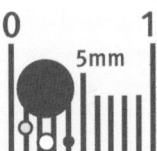

Mikroplastikquellen in Deutschland
freigesetzte Mengen pro Person pro Jahr

Reifenabrieb
ca. 1.230 g
(davon 88 % PKW)

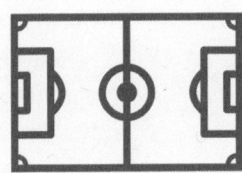

Verwehungen
von Sport- und
Spielplätzen
ca. 130 g

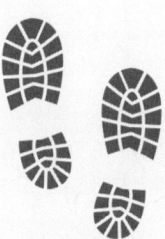

Abrieb von
Schuhsohlen
ca. 110 g

Abrieb Kunststoff-
verpackungen
ca. 100 g

Abrieb Fahrbahn-
markierungen
ca. 90 g

Faserabrieb bei
der Textilwäsche
ca. 80 g

Untersuchungen haben gezeigt, dass Fische und andere Meerestiere die winzigen Plastikteilchen für Nahrung halten können. Nachgewiesen wurde Mikroplastik mittlerweile auch in unserer eigenen Nahrungskette, zum Beispiel in Meeresfrüchten und Mineralwasser. Bedenklich ist, dass Mikroplastik Schadstoffe wie Weichmacher enthalten und zusätzlich Schadstoffe aus der Umgebung an sich binden kann. Welche Auswirkungen die Aufnahme von Mikroplastik für den Menschen hat, ist bisher ungeklärt. Laborversuche an Krebsen und Muscheln lassen jedoch nichts Gutes erwarten.

Ist Bio-Plastik gut für die Umwelt?

Kommt Ihnen der Begriff „Bio" im Zusammenhang mit Plastik komisch vor? Dann haben Sie recht: Da stimmt tatsächlich etwas nicht. Zumindest ruft der Biobegriff ein völlig falsches Bild von ökologisch hergestelltem Plastik hervor. Das ist leider Quatsch, auch Bio-Plastik ist ein Kunststoff. Der Unterschied zum „normalen" Plastik liegt darin, dass die Bio-Variante nicht komplett aus Erdöl hergestellt wird (was große Mengen CO_2 aus dem Öl freisetzt), sondern aus pflanzlicher Biomasse, von der einige Varianten kompostierbar sind. Streng genommen sind Bio-Plastiktüten also biologisch abbaubar. Aber: Kompostierbar sind sie nicht alle. Es ist so: „Bio"-Plastikbeutel, die als kompostierbar beworben werden, zerfallen auf dem

---

Was können Sie gegen Mikroplastik tun?

✔ Fahren Sie weniger mit dem Auto. Das vermindert Reifenabrieb, durch den Mikroplastik in die Umwelt gelangt.

✔ Entsorgen Sie keinen Müll in der Umwelt. Trennen und recyceln Sie ihn richtig.

✔ Wählen Sie zertifizierte Naturkosmetik mit entsprechenden Siegeln. Diese enthält kein Mikroplastik.

✔ Tragen Sie Ihre Kleidung so lange es geht, anstatt jede Saison neue Teile zu kaufen.

✔ Machen Sie die Waschmaschine voll statt halb voll. Das reduziert den Kleiderabrieb. Manche Kleidungsstücke lassen sich vielleicht seltener waschen, stattdessen aber öfter lüften.

✔ Gibt es in Ihrer Gegend Müllsammelaktionen? Erkundigen Sie sich und machen Sie mit!

heimischen Komposthaufen nur äußerst langsam und selbst in Kompostwerken nur dann, wenn dort eine bestimmte Mindesttemperatur erreicht wird. Üblicherweise wird in den Kompostwerken jedoch alles aus dem Abfall heraussortiert, was auch nur im Entferntesten wie Plastik aussieht. Die Maschinen können nicht zwischen normalem und „Bio"-Plastik unterscheiden. Beides gilt als unerwünschter Störstoff. Und da „Bio"-Plastik auf keinem normalen Komposthaufen und schon gar nicht in der freien Natur zerfällt, kann man eigentlich gleich darauf verzichten. Laut Umweltbundesamt (UBA) ist die Ökobilanz von „Bio"-Plastik genauso schlecht wie die von normalem Plastik. Vor allem, da es neben pflanzlichen Materialien auch noch Erdölzusätze beinhaltet, die in den Kompost gelangen würden. Die Lösung: Nutzen Sie für Ihren Biomüll spezielle, reißfeste Biomüll-Papiertüten. Oder noch besser: Verzichten Sie auf die Einmal-Papiertüten und werfen Sie den Müll einfach ganz ohne Tüte in die Biotonne oder auf den Kompost.

To-go-, Brot- und Vorratsdosen

Wer tagsüber lange auf Achse ist und sich für unterwegs etwas zu essen mitnehmen möchte und auf Verpackungsmaterial verzichten will, steht häufig vor der Frage: In welchem Gefäß lagert man seine Snacks?

→ Es sollte ein lebensmittelechtes Gefäß sein, aus dem sich keine Schadstoffe lösen können.
→ Es muss wiederverwendbar sein, denn sonst könnte man ja gleich die To-go-Verpackung vom Imbiss mitnehmen.
→ Dass der Deckel dicht sein muss, damit das Salatdressing sich nicht im Rucksack verteilt, versteht sich ja von selbst.

Viele Anbieter haben mittlerweile bunte Plastikdosen im Programm. Der Nachhaltigkeitstrend scheint an einigen Stellen seltsamerweise nur noch mehr Plastikprodukte hervorzubringen als zuvor. Gegen langlebige Plastikprodukte ist theoretisch nichts zu sagen. Sie sollten aber speziell für den Kontakt mit Lebensmitteln hergestellt sein. Für fettige, salzige oder saure Speisen oder zum Erhitzen sind Glas, Edelstahl und Porzellan besser geeignet, denn aus Plastik könnten Schadstoffe auf Lebensmittel übergehen. Sogar übrig gebliebene Schraubgläser aus der Küche eignen sich als Lunchbox. Ist die Dichtung im Deckel blau gefärbt, ist das ein gutes Zeichen: Sie ist PVC-frei. Achten Sie beim nächsten Einkauf doch einfach mal auf die Form der Glasverpackungen. Häufig stecken unter den eingekauften Lebensmittelgläsern mögliche zukünftige Snackverpackungen. Joghurt-Mehrweggläser oder andere Mehrweggefäße sollten keinesfalls zweckentfremdet werden, da sonst das Mehrwegsystem nicht mehr funktioniert.

Mehr zum Thema Bambusbecher und „Coffee to go" erfahren Sie auf Seite 74.

Keine gute Alternative

Frischhaltefolie aus Plastik ist nicht besonders umweltfreundlich, das ist nachvollziehbar. Deshalb findet man immer häufiger in Bienenwachs getränkte Baumwolltücher im Laden. Ist das eine gute Alternative? Jein. Bienenwachstücher sind in vielerlei Hinsicht, vor allem unter hygienischen Gesichtspunkten, nicht zum Verpacken von Lebensmitteln geeignet.

Bienenwachstücher sind selbstverständlich viel „natürlicher" als Plastikfolie. Häufig sind sie jedoch gar nicht nötig.

Essensreste, die Sie im Kühlschrank aufbewahren möchten, können Sie zum Beispiel in eine verschließbare (und wiederverwendbare) Dose füllen. Oder Sie decken die Schüssel einfach mit einem Teller ab. Selbst Pausenbrötchen müssen nicht eingewickelt werden – weder in Frischhaltefolie noch in Bienenwachstücher. Eine Brotdose tut es in der Regel auch.

Bestimmte Lebensmittel sollten außerdem aus hygienischen Gründen nicht mit dem Bienenwachs in Berührung kommen: Rohes Fleisch und Fisch verderben zwar nicht, wenn sie in Wachstüchern verpackt werden. Doch sie könnten Keime übertragen und da Bienenwachs bei 62 °C schmilzt, können die Tücher nach Gebrauch nicht heiß genug abgespült werden, um mögliche Krankheitserreger abzutöten.

Bienenwachstücher müssen zudem immer mit 100 Prozent reinem Bienenwachs getränkt sein, das aus biologischer Landwirtschaft stammt. Andernfalls besteht die Gefahr, dass sich Chemikalien aus der Bienenhaltung lösen, die im Wachs enthalten sind. Aus diesem Grund raten einige Hersteller davon ab, ihre Bienenwachstücher für fetthaltige Lebensmittel wie Käse oder Wurst zu verwenden.

>  GUT ZU WISSEN
>
> Falls Sie Bienenwachstücher anhand einer der zahlreichen Anleitungen im Internet selbst herstellen wollen, sollten Sie außerdem darauf achten, dass Sie keine Stoffe verwenden, aus denen sich Farbstoffe oder andere Chemikalien lösen könnten.

Ungeeignet sind Tücher, die zusätzliches Baumharz enthalten, denn dieses kann nicht nur den Geschmack der Lebensmittel verändern, sondern sich außerdem zersetzen und allergieauslösende Stoffe freisetzen. Paraffinwachse, die Mineralölbestandteile enthalten, oder Jojobaöl, das generell nicht verzehrt werden sollte, sind ebenfalls Bestandteile, die Sie meiden sollten.

Vorratsgläser für zu Hause

In Unverpackt-Läden ist es schon längst Alltag: Man bringt ausgespülte Gläser mit, befüllt sie mit losen Lebensmitteln und lagert sie im Küchenschrank. Wer auf eine einheitliche Optik nicht verzichten möchte, kann in Drogerien, Supermärkten und sogar in Geschenkshops schicke Vorratsgläser kaufen. Im Kasten finden Sie ein paar Tipps:

Vorratsdosen: Auf die Passform kommt es an

✔ **Das Gefäß muss dicht schließen.**
Das schont das Aroma der Lebensmittel und verhindert, dass Schädlinge eindringen können. Reis oder Linsen lagert man aus diesem Grund besser nicht in Baumwollbeuteln – auch wenn sie durchaus darin eingekauft werden können, sofern Sie einen passenden Laden finden.

✔ **Achten Sie auf die Größe.**
Passen Ihre neuen Vorratsgefäße in den Schrank? Bitte nicht lachen. So manch einer kam schon mit schicken neuen Behältnissen nach Hause, um dann herauszufinden, dass das Fach im Schrank wenige Millimeter zu niedrig für das neue Spaghettiglas ist. Achten Sie außerdem darauf, dass man die Vorratsbehältnisse stapeln kann. Sonst haben Sie einen Schrank voller niedriger Gläser, in dem die obere Hälfte ungenutzt bleibt.

✔ **Es kommt auf den Verschluss an.**
Zugegeben: Altmodische Einmachgläser können in der Küche recht hübsch aussehen. Testen Sie vor dem Kauf aber, ob Sie mit dem Riegelverschluss zurechtkommen. Denn wenn Sie Mehl oder Linsen aus einem Einmachglas mit Schnappverschluss herausschütten wollen, müssen Sie nicht nur das Glas, sondern auch den Deckel festhalten. Der klappt Ihnen sonst nämlich schnell mal auf die Finger. Probieren Sie im Laden aus, ob Sie das nervt. Und wenn ja: Kaufen Sie lieber ein Vorratsglas mit Schraubverschluss.

Rohstoff Papier

Warum Sie Papier sparen sollten? In Europa sind wir Deutschen diejenigen mit der größten Papierproduktion und beinahe dem höchsten Papierverbrauch. Papier wird aus Holz gemacht, klar. Eher unbekannt ist, dass die Bäume für unsere Papierproduktion nur zu einem kleinen Teil in Deutschland wachsen. Der Zellstoff, der aus dem Holz gewonnen wird, stammt vor allem aus Südamerika, Skandinavien und von der Iberischen Halbinsel. Aus dem Zellstoff werden bei uns dann Papierprodukte hergestellt. Jedes Küchenpapier und jedes Kosmetiktuch könnte ein Stückchen von einem Baum aus Südamerika gewesen sein. Papier sparen hilft also beim Schützen der Wälder.

In Deutschland verbraucht **jede Person** beinahe **227 kg** Papier pro Jahr. Rechnen Sie das mal um in Pizzakartons!

Zeitungen und Bücher: Digital oder auf Papier?

Um Papier herzustellen, braucht man Bäume, aber auch Wasser und Chemikalien, die die Produktion begleiten. Mittlerweile setzen einige Verlage auf nachhaltig agierende Papierhersteller. Trotzdem stellt sich die Frage: Ist es umweltfreundlicher, sein Buch oder die Zeitung elektronisch zu lesen?

Das gedruckte Exemplar einer Zeitung kann tatsächlich in der Gesamtbilanz ökologischer sein als die elektronische Variante. Und zwar dann, wenn dasselbe Papierexemplar von sehr vielen Personen gelesen wird.

Die elektronische Zeitung schneidet dann schlechter ab, weil das Herunterladen der Datei und der Betrieb des Lesegeräts Energie verbrauchen – mehr als die Herstellung der Zeitung.

Ein E-Reader kann sich lohnen, wenn Sie diesen nicht nur zum Zeitunglesen nutzen, sondern auch für Bücher. Je mehr Bücher Sie lesen, desto umweltfreundlicher wird der E-Reader. Forschungsteams sind sich allerdings noch nicht einig, wo die Grenze zwischen „lohnt sich für die Umwelt" und „lohnt sich noch nicht" liegt. Denn auch die Her-

12 Tipps zum Papiersparen

1 Nehmen Sie einen Mehrwegbecher statt To-go-Pappbecher. Auch die Papiertüte beim Bäcker können Sie einsparen, indem Sie einen Baumwollbeutel oder eine Brotdose mitnehmen.

2 Ersetzen Sie Küchenpapier durch waschbare Tücher.

3 Kleben Sie einen „Bitte keine Werbung"-Aufkleber auf Ihren Briefkasten.

4 Bestellen Sie Papierwerbung und Kataloge ab. Meist finden Sie alles auch online.

5 Kaufen Sie Schreibwaren aus Recyclingpapier, das mit dem Blauen Engel ausgezeichnet ist.

6 Muss es wirklich reinweißes Toilettenpapier mit Frischeduft und „Pflegewirkung" sein? Oder farbig bedrucktes? Wechseln Sie doch einfach zu Recyclingpapier, das mit dem Umweltzeichen Blauer Engel ausgezeichnet ist. Das gilt genauso für Taschentücher.

7 Fallen Sie nicht auf Umweltzeichen herein, die viele Firmen sich ausdenken. Produkte, auf denen „Aqua Pro Natura", „Weltpark Tropenwald" steht, bestehen trotzdem aus frischen Papierfasern und nicht aus Recyclingpapier.

8 Achtung: Der Aufdruck „holzfrei" besagt lediglich, dass hier die nicht-holzigen Teile von frischen Bäumen verarbeitet wurden. Nicht etwa alternative Rohstoffe. Auch die Kennzeichnungen FSC-Mix oder das Europäische Umweltzeichen mit der Blume stehen nicht zwingend für 100 Prozent Recyclingpapier. Produkte mit diesen Zeichen können zwar Altpapierfasern enthalten, müssen es aber nicht.

9 Nicht jedes Dokument muss ausgedruckt werden. Aber falls doch, können Sie die Duplex-Funktion Ihres Druckers nutzen und beidseitig drucken. Am besten stellen Sie den Duplexdruck als Standard bei Ihrem Drucker ein.

10 Lassen Sie sich Ihre Telefonrechnung oder die Kontoauszüge Ihrer Bank elektronisch zustellen.

11 Nutzen Sie Verpackungskartons erneut. Einige Versandhändler bieten sogar Mehrwegboxen für den Versand an.

12 Wenn Sie Papierabos bevorzugen: Teilen Sie die Zeitungen und Zeitschriften mit jemandem oder fragen Sie eine gemeinnützige/karitative Einrichtung.

stellung eines elektronischen Lesegeräts verbraucht ja Ressourcen: Mineralien, Kupfer, Gold und Coltan zum Beispiel, die häufig aus afrikanischen Regionen stammen. Hier muss also der hohe Papierverbrauch der Bücher gegen die Ökobilanz der E-Reader-Produktion abgeglichen werden. Genauere Studien fehlen bisher, doch was man vermutlich sicher sagen kann, ist: In einer Bibliothek haben Sie die Möglichkeit, Bücher und Zeitschriften mit vielen Menschen zu teilen. Und das spart auf jeden Fall Papier.

Coffee to go – wie umweltschädlich ist das?

Nehmen Sie sich Ihren Kaffee morgens beim Bäcker mit? Indem Sie auf Einwegbecher verzichten und sich stattdessen einen wiederverwendbaren Mehrwegbecher besorgen, bewirken Sie gleich mehrere Dinge:

1. Statistisch gesehen verbrauchen Sie pro Jahr etwa 34 Einwegbecher für Heißgetränke weniger. Rechnet man noch die Becher für Kaltgetränke hinzu, werden sogar 70 Becher jährlich weniger benutzt. Der To-Go-Becher-Müllberg von 55.000 Tonnen pro Jahr schrumpft dadurch.

2. Pro Heißgetränk, das Sie in Ihrem eigenen Becher mitnehmen, sparen Sie einen halben Liter Wasser. So viel Wasser wird für die Herstellung eines einzigen Einwegbechers benötigt. Das ist mehr als in die meisten To-go-Becher überhaupt hineinpasst.

3. Sie sparen Rohstoffe wie Holz und Erdöl, aus denen Einwegbecher hergestellt werden. Zudem senken Sie die Müllmenge, die in den Verbrennungsanlagen landen. Die meisten Einwegbecher landen nämlich im Restmüll und könnten, selbst bei einer Entsorgung im gelben Sack, wegen ihrer Beschichtung nur schwer recycelt werden.

4. Eine Studie des Umweltbundesamtes zu den Umweltbelastungen von Einweg- und Mehrwegbechern hat ergeben: Pfandbecher sind dann umweltfreundlicher als Einwegbecher, wenn sie mehr als zehnmal genutzt werden. Der eigene Becher schneidet im Vergleich am besten ab.

→ **TIPP Geeignetes Mehrwegmaterial**
Besorgen Sie sich einen Becher aus Edelstahl, Porzellan oder Polypropylen. Bei Bambusgeschirr aus Melaminharz können durch heiße Getränke Schadstoffe freigesetzt werden. Außerdem enthalten solche Gefäße nicht, wie häufig beworben, nur „natürliche Stoffe".

Wenn alle in
Deutschland pro Tag
verbrauchten
17,5 Millionen
Einwegbecher
aneinandergelegt würden,
ergäbe das eine Strecke von
Hamburg bis Madrid.

 Madrid

 Hamburg

Plastikflut im Supermarkt

Die Verbraucherzentrale Hamburg hat dazu weitere Beispiele zusammengestellt: Besuchen Sie **www.vzhh.de** und geben Sie in die Suchmaske „Plastikalarm im Supermarkt" ein.

Recycling

Unser Abfall enthält **Wertstoffe**. Doch was bedeutet das? Wenn Sie Ihren Müll durchschauen, wird Ihnen auffallen, dass er sich aus vielen verschiedenen Materialien zusammensetzt. Ein Teil der Abfälle kann recycelt, also wiederverwertet werden. Einige Gegenstände können nach ihrem Gebrauch noch einmal so weiterbenutzt werden, wie ursprünglich gedacht (**re-use**). Zum Beispiel können getragene Kleidungsstücke oder Elektrogeräte an neue Nutzer weiterverkauft werden. Andere Gegenstände können so aufbereitet werden, dass man sie als Rohstoffe für neue Produkte nutzen kann. Altglas kann zum Beispiel eingeschmolzen werden, um daraus neue Flaschen herzustellen. Auch Papier lässt sich recyceln. Von **Upcycling** spricht man, wenn gebrauchte oder nutzlose Dinge zu neuen, brauchbaren Produkten verarbeitet werden. Wenn etwa alte Planen zu Rucksäcken werden oder aussortierte Landkarten zu Briefumschlägen. Beim **Downcycling** ist es genau andersherum: Hier entstehen Dinge, die weniger „wert" sind, als das Ausgangsprodukt. Ein Beispiel sind Putzlumpen, die aus abgelegten Altkleidern gemacht sind. Das Wiederverwerten von Materialien spart nicht nur Abfall, sondern schont auch knappe Ressourcen.

Welcher Müll gehört in welche Tonne?

Mülltonnen gibt es in verschiedenen Farben – je nachdem, wo Sie wohnen, zeigen gelbe, blaue, orangefarbene, braune, grüne oder graue Tonnen an, welcher Müll in ihnen gesammelt werden soll – verwirrend. Immerhin hat man sich wenigstens darauf einigen können, dass Restmülltonnen stets dunkelgrau sind. Abgesehen davon ist die Sache vielfältiger: Plastikverpackungen und solche aus Metall und Verbundstoffen wird in gelben Tonnen oder dem gelben Sack eingesammelt. Oder in einer Wertstofftonne. Biomülltonnen sind braun und manchmal grün. Die Papiertonne ist meist blau, in einigen Gemeinden auch grün. Was in welche Tonne gehört und welcher Müll gesondert entsorgt werden muss, ist aber trotz der Tonnenvielfalt eigentlich ganz einfach.

Weniger ist mehr: Abfall

Gelbe Tonne / gelber Sack
→ Verpackungen, außer Glas und Papier.

In der gelben Tonne sammeln Sie Verpackungen. Plastikverpackungen genauso wie Konservendosen oder leere Tuben von Tomatenmark. Auch Milchkartons oder To-go-Becher gehören in die gelbe Tonne, denn sie sind sogenannte Verbundverpackungen: Das Papier des Behälters ist mit Kunststoff beschichtet, damit es nicht aufweicht.

Dabei ist es übrigens egal, ob auf einer Verpackung der Grüne Punkt aufgedruckt ist oder nicht. Das Stichwort zum Sammeln heißt: „löffelrein". Sie müssen die Verpackung nicht ausspülen, allerdings sollte sie keine Lebensmittelreste mehr enthalten, wie etwa angebrochenen Joghurt. Stark verschmutzte Verpackungen oder gebrauchte Windeln gehören nicht zum Verpackungsmüll, sondern wandern in den Restmüll.

Alles, was eine Verpackung ist, gehört also in die gelbe Tonne oder den gelben Sack. Nur nicht Verpackungen aus Glas oder Papier, denn die werden separat entsorgt. In jedem Fall wichtig ist es, die Materialien der Verpackungen auseinander zu sortieren. Das bedeutet: Lösen Sie den Joghurtdeckel vollständig vom Kunststoffbecher und auch den Pappmantel, falls einer vorhanden ist. (Der gehört dann allerdings ins Altpapier.) Die Materialien können so später getrennt voneinander verwertet werden.

Das Recycling von Kunststoffen wird in Zukunft hoffentlich noch einmal erheblich leichter. Seit Januar 2019 gilt das Verpackungsgesetz, das darauf abzielt, dass möglichst viele Verpackungen recycelt werden können und Hersteller sich bemühen, Kunststoffe zu produzieren, die tatsächlich noch einmal verwertbar sind.

Wertstofftonne statt gelber Sack / gelber Tonne
→ Verpackungen außer Glas und Papier plus Wertstoffe wie Kunststoff und Metall

 Biotonne / Kompost
→ Obst-, Gemüse-, Gartenabfälle. Keine Plastiktüten!

In einigen Städten gibt es keine gelben Tonnen oder Säcke, sondern Wertstofftonnen. Hier landen dieselben Abfälle wie in der gelben Tonne plus sämtliche Wertstoffe, die sonst im Restmüll landen würden: zum Beispiel Kunststoff-Zahnbürsten, kaputtes Plastikspielzeug oder ausrangierte Pfannen aus Metall. Solche „stoffgleichen Nichtverpackungen" gelten nämlich ebenfalls als Wertstoff. Da es hier je nach Wohnort Unterschiede gibt, empfiehlt es sich, bei Ihrem Abfallentsorger nachzufragen, was genau in Ihre Wertstofftonne darf.

In der Biotonne sammeln Sie organische Abfälle, also im Grunde alles, was sich schnell zersetzt. Das sind neben Obst-, Gemüse- und Gartenabfällen auch Kaffee- oder Teefilter. Asche oder Tierkot mögen zwar „bio" aussehen, gehören aber trotzdem in den Restmüll. Fragen Sie im Zweifel bei Ihrer Kommune nach, wie man dort mit bestimmten Abfällen umgeht. In einigen Gemeinden darf Frittierfett zum Beispiel in die Biotonne, in anderen nicht. Auch Fleisch- und Fischreste werden je nach Ort unterschiedlich behandelt.

Einig sind sich hingegen alle Kommunen darin, dass Plastiktüten auf gar keinen Fall in die Biotonne gelangen dürfen. Auch nicht die sogenannten Biomüll-Tüten, deren Hersteller mit „biologischer Abbaubarkeit" werben. Denn selbst wenn sich die Biomüll-Tüten schneller zersetzen als eine normale Plastiktüte – für die Kompostwerke, in denen der Biomüll weiterverarbeitet wird, ist das nicht schnell genug. Es bleiben Reste übrig, die später im Kompost landen können. Und das möchte schließlich niemand in seinem Garten verteilen. Wenn Sie einen Garten haben, können Sie sich einen eigenen Komposthaufen anlegen.

Restmüll
→ Alles, was sonst nirgendwo passt und keine Schadstoffe enthält.

Was Sie nicht ins Recycling geben können und was kein Sondermüll ist, gehört in die Restmülltonne. Hierzu zählen Dinge wie Katzenstreu, gebrauchte Hygienepapiere, stark verschmutzte Verpackungen, Staubsaugerbeutel, Windeln, Zigarettenkippen oder kaputte Haushaltsgegenstände. Gegenstände, die Schadstoffe oder Lösungsmittel enthalten, dürfen nicht in die Restmülltonne.

→ **TIPP Unterwegs recyceln**
Recycling geht auch im Büro, in der Schule oder im Urlaub. Informieren Sie sich, wie die Mülltrennung in Ihrem Urlaubsland gehandhabt wird. Reiseveranstalter und Vermieter geben Ihnen gern darüber Auskunft.

Rund

4,5 Billionen

Zigarettenkippen

werden jedes Jahr weggeworfen.

**Zigarettenstummel?
Ab in den Restmüll**

Zigarettenstummel gehören übrigens nicht in die Natur und schon gar nicht in den Rinnstein. Der Filter zersetzt sich nämlich nicht, wie man manchmal fälschlicherweise hört. Außerdem enthält der gerauchte Filter Giftstoffe, die für Wasserorganismen tödlich sind. Auch wenn es unbequem ist: Nehmen Sie Ihren Zigarettenstummel mit, wenn es keinen Aschenbecher gibt, und werfen Sie ihn – erkaltet – in eine Restmülltonne.

Glascontainer
→ Glasverpackungen ohne Deckel

Glasbehälter ohne Pfand werden in Altglas-Containern gesammelt: Weißglas kommt in den Container für Weißglas, braunes Glas in den für Braunglas. Alle andersfarbigen Gläser wandern (auch wenn sie blaufarbig sind) in den Grünglascontainer.

Wenn Sie nett sein wollen, schrauben Sie noch die Metalldeckel ab und entsorgen diese in der gelben Tonne. Doch keine Sorge, wenn Sie mal nicht dran gedacht haben. Moderne Sortieranlagen schaffen es, das Glas vom Metall zu trennen. Was Sie allerdings nicht in den Glascontainer werfen sollten, sind Keramik, Porzellan und alles, was aus feuerfestem Glas besteht. Diese Stoffe gehören in den Restmüll. Glühbirnen oder kaputte Trinkgläser gehören nicht in den Container, weil ihr Glas einen anderen Schmelzpunkt hat als das einer Glasverpackung. Werfen Sie diese stattdessen einfach in den Restmüll. (Achtung: Energiesparlampen enthalten Schadstoffe und müssen gesondert an Sammelstellen entsorgt werden! → auch Seite 100)

Altpapier-Container
→ Zeitungen, Zeitschriften, Papier und Pappe.

Alles, was aus Papier besteht und nicht mit Essensresten verschmutzt ist, darf in den Altpapier-Container oder die Altpapier-Tonne. Nicht hinein gehören benutzte Taschentücher (Restmüll), beschichtetes Verpackungspapier (gelber Sack) oder Kassenbons, die auf Thermopapier gedruckt wurden (Restmüll). Letztere erkennen Sie daran, dass sich ein schwarzer Streifen bildet, wenn Sie mit dem Fingernagel darüberfahren.

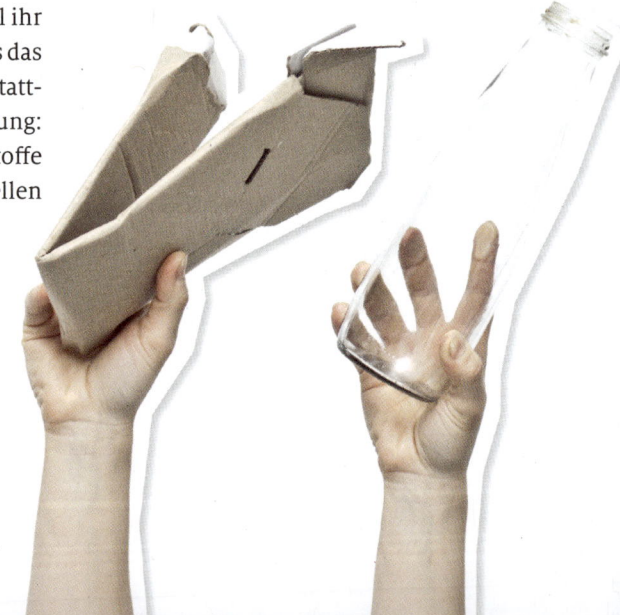

Sondermüll für den Wertstoffhof

Einige Abfallsorten enthalten so viele Schadstoffe, dass sie nicht im normalen Hausmüll landen dürfen. In unseren Haushalten betrifft dies zum Beispiel Farbreste, Renovierungsreste, Spraydosen sowie Haushalts- und Gartenchemikalien. Solche Produktreste werden Sie bei kommunalen Sondermüll-Annahmestellen los – häufig beim Wertstoffhof oder dem Schadstoffmobil.

Batterien

Leere Batterien und Akkus müssen von den Händlern, die sie verkaufen, zurückgenommen werden. Halten Sie zum Beispiel in Elektromärkten, Drogerien oder Supermärkten Ausschau nach einer Sammelbox.

Elektroschrott – wie entsorge ich ihn richtig?

Indem Sie Ihren ausrangierten Elektroschrott bei kommunalen Sammelstellen oder im Einzelhandel zurückgeben, verhindern Sie, dass schädliche Stoffe wie Quecksilber, Blei oder Kadmium in die Umwelt gelangen.

Gleichzeitig können Sie so ermöglichen, dass Rohstoffe wieder verwendet werden. Neben Gold, Platin und Kupfer können zusätzlich sortenreine Kunststoffe aus alten Elektrogeräten gewonnen und wiederverwertet werden. Das schont nicht nur die Umwelt, sondern auch die Gesundheit der Menschen. Sie können Ihre Altgeräte beim nächstgele-

GUT ZU WISSEN

Was zählt zum Elektroschrott?

Fast alle Geräte, die Strom aus einem Kabel oder einer Batterie beziehen, gelten laut Gesetz als Elektro- oder Elektronikgerät.

Gegenstände, in denen elektrische Bauteile verbaut sind, wie Schuhe mit Lichtsohle oder beleuchtete Badezimmerschränke, zählen genauso zum Elektroschrott. Außerdem die sogenannten passiven Geräte, die den Strom lediglich leiten, wie Kabel oder Steckdosen.

genen Wertstoffhof abgeben oder im Elektro- oder Baumarkt. Geschäfte mit mehr als 400 Quadratmetern Verkaufsfläche sind dazu verpflichtet, Altgeräte zurückzunehmen, sofern sie eine Kantenlänge von unter 25 cm haben. Dazu zählen etwa Handys, Energiesparlampen und LEDs sowie elektrische Zahnbürsten oder Haartrockner. Dabei ist es übrigens unerheblich, ob Sie das Gerät zuvor in diesem Laden gekauft haben oder nicht.

Für größere Geräte gilt ein Tauschprinzip: Kaufen Sie zum Beispiel eine neue Waschmaschine, können Sie das alte Gerät über den Händler entsorgen. Nur im Online-Handel fallen hierfür manchmal Kosten an.

Doch Achtung: Dinge, die nur alt, aber nicht kaputt sind, müssen nicht entsorgt werden! Sozialkaufhäuser nehmen aussortierte Elektrogeräte vielleicht noch an. Leicht kaputten Geräten widmen sich sogenannte Reparaturcafés, in denen Hobbybastler freiwillig arbeiten.

Korken, CDs und DVDs
Korken und CDs sind Wertstoffe, die Sie unbedingt sammeln und recyceln sollten. Der Kork der Korkeiche ist ein Rohstoff, der nach seinem Einsatz als Weinkorken zu biologischen Dämmstoffen und Bodenbelägen weiterverarbeitet werden kann. Wertstoffhöfe und Weinhändler haben Sammelboxen, in die Sie Ihre alten Korken abgeben können. Das schont die Korkeichenwälder, die ohnehin schon deutlich übernutzt sind.

CDs und DVDs bestehen fast ausschließlich aus Polycarbonat. Dieses ist gut recycelbar und kann vielfältig genutzt werden. Sollten Sie noch alte Daten-CDs haben, können Sie diese mit einem Schlüssel zerkratzen. Dadurch werden sie unleserlich und können anschließend in der Sammelbox eines Elektromarktes oder an einem Wertstoffhof abgegeben werden. Alte VHS-Kassetten sollten Sie jedoch im Restmüll entsorgen.

Sperrmüll

Alles, was nicht in eine Mülltonne passt und das Sie nicht persönlich zum Wertstoffhof bringen können, kann als Sperrmüll bei Ihnen in der Straße abgeholt werden. Informieren Sie sich bei Ihrer Kommune, ob es feste Abholtermine gibt oder ob Sie selbst eine Abholung beantragen müssen.

Zum Sperrmüll gehören Gegenstände wie alte Möbel, Matratzen, Teppiche oder sonstige sperrige Güter. Fragen Sie nach, ob Sie auch Elektrogeräte zur Abholung bereitstellen dürfen. In einigen Kommunen ist das erlaubt.

Abfall-ABC

Akkus	→ Händler
Autobatterie	→ Händler
Autopflegemittel	→ Sondermüll-Annahmestelle
Auflaufform	→ Restmüll, Wertstofftonne
Batterien	→ Händler
Bioplastik-Tüten	→ gelber Sack, gelbe Tonne, Wertstofftonne
Blechdosen (Verpackung)	→ gelber Sack, gelbe Tonne, Wertstofftonne
CDs	→ lokale Sammelstelle, sonst Restmüll
DVDs	→ lokale Sammelstelle, sonst Restmüll
Elektrogeräte	→ Händler, Wertstoffhof
Energiesparlampen	→ Händler, Wertstoffhof
Farbreste	→ Wertstoffhof, Sondermüll-Annahmestelle
Fischreste	→ Restmülltonne oder Biotonne (örtlichen Entsorger fragen)
Fleischreste	→ Restmülltonne oder Biotonne (örtlichen Entsorger fragen)
Frittierfett	→ Restmülltonne oder Biotonne (örtlichen Entsorger fragen)
Gartenabfälle	→ Biotonne, sonst Restmüll
Gemüse	→ Biotonne, sonst Restmüll
Glas (Flaschen, Marmeladengläser, Glaskonserven)	→ Glascontainer
Glühbirnen (außer Energiesparlampen)	→ Restmüll
Kaffeefilter, Kaffeepads	→ Biotonne, sonst Restmüll
Kaffeekapseln	→ siehe Herstellerinfo, sonst Restmüll
Kartoffelschalen	→ Biotonne, sonst Restmüll
Kassenzettel (Papier)	→ Altpapier
Kassenzettel (Thermopapier → „Nagelprobe" Seite 80)	→ Restmüll

Weniger ist mehr: Abfall 85

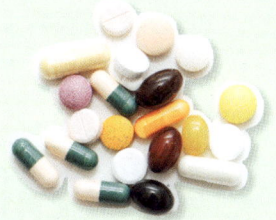

Katzenstreu	→	Restmüll
Keramik	→	Restmüll
Korken	→	Sammelstelle, Wertstoffhof
LED-Lampen	→	Händler, Wertstoffhof
Matratzen	→	Sperrmüll
Medikamente	→	Restmüll, Apotheke
Milchkartons	→	gelber Sack, gelbe Tonne, Wertstofftonne
Möbel	→	Sperrmüll
Obstreste	→	Biotonne, sonst Restmüll
Papier (beschichtet, z. B. Verpackungen)	→	gelber Sack, gelbe Tonne, (nur Verpackungen) Wertstofftonne (alle beschichteten Papiere)
Papier (unbeschichtet)	→	Altpapier
Pappe	→	Altpapier
Plastikspielzeug	→	Restmüll, Wertstofftonne
Porzellan	→	Restmüll
Sperrmüll	→	Wertstoffhof, Sperrmüllentsorgung
Staubsaugerbeutel	→	Restmüll
Taschentücher	→	Restmüll
Teefilter	→	Biotonne, sonst Restmüll
Teppiche	→	Wertstoffhof, Sperrmüll
Tierkot	→	Restmüll
To-go-Becher	→	gelber Sack, gelbe Tonne, Wertstofftonne
Trinkgläser	→	Restmüll
Tuben	→	gelber Sack, gelbe Tonne, Wertstofftonne
Verpackungen (Kunststoff, Metall, Verbundmaterial)	→	gelber Sack, gelbe Tonne, Wertstofftonne
VHS-Kassetten	→	Restmüll
Windeln	→	Restmüll
Zeitschriften	→	Altpapier
Zeitungen	→	Altpapier
Zigarettenkippen	→	Restmüll

Einfach sparen:
Energie

Egal ob Sie in einer Mietwohnung wohnen oder im Eigenheim: Ihren Energieverbrauch können Sie zumindest teilweise beeinflussen. Dazu müssen Sie häufig nicht mal teure Umbauten beauftragen oder Ihrem Vermieter auf die Pelle rücken. Energiesparen können Sie auch, wenn Sie bewusste Entscheidungen treffen. Viele Möglichkeiten sind schnell genutzt und kosten nicht viel. Je weniger Strom und Wärme wir verbrauchen, desto besser ist es für die Umwelt.

Was bringt Ökostrom?

Ökostrom wird aus sogenannten erneuerbaren Energien gewonnen, also aus Wind, Wasser, Sonne oder Biogas. Wenn in den Nachrichten von der **Energiewende** geredet wird, ist die Abkehr von Strom aus Kohle, Erdöl oder Erdgas gemeint, denn diese Ressourcen stehen nicht unbegrenzt zur Verfügung. Kernkraftwerke verursachen sogar Probleme, die weit über die „Endlichkeit" der Rohstoffe hinausgehen.

Ökostrom-Tarife werben damit, dass die Kundschaft saubere, umweltfreundliche Energie erhält. Doch die wenigsten Ökostrom-Tarife fördern auch die Energiewende. Ökostrom unterscheidet sich nicht mehr von „Graustrom", sobald er ins Netz eingespeist wurde. Für „grün" hergestellten Strom gibt es allerdings einen Herkunftsnachweis, der belegt, dass wirklich Ökostrom produziert und ins Netz gegeben wurde. Stromanbieter, die selbst keinen Ökostrom herstellen, können diese Herkunftsnachweise aufkaufen und so ihren „grauen" Strom als Ökostrom verkaufen.

Dass der Ökostrom in Deutschland häufig aus internationalen Quellen stammt, zum

Beispiel aus Wasserkraftwerken in Norwegen, liegt daran, dass sich deutsche Produzenten von Ökostrom, zum Beispiel Betreiber von Windparks, entscheiden müssen: Wollen sie ihren Strom als „Ökostrom" bewerben und diesen teurer an ihre Kunden verkaufen, können sie nicht staatlich gefördert werden. Denn dadurch würden sie ja zusätzliches Geld einnehmen. Wählen die Ökostromproduzenten also die staatliche Förderung, ist ihr „grün" produzierter Strom hinterher offiziell „Graustrom". Da fast alle Ökostromerzeuger in Deutschland die sichere und planbare Förderung wählen, gibt es auch kaum deutsche Herkunftsnachweise. Diese gibt es nur für erneuerbaren Strom ohne Förderung, also zum Beispiel für Wasserkraftwerke oder Anlagen, die nun nach 20 Jahren Förderung nicht weiter gefördert werden. Stromanbieter müssen die Herkunftsnachweise daher aus dem Ausland beziehen, zum Beispiel aus Norwegen oder Österreich. Der vorher „grüne" norwegische Strom gibt also sein Ökolabel an den zuvor „grauen" Strom aus deutschen Kraftwerken ab, während „grüner" Strom aus deutschen Windkraftanlagen nicht als Ökostrom gilt, weil die Windparks staatlich gefördert wurden. Ein Beitrag zur Energiewende ist das nicht – insbesondere deshalb, weil die Preise für Herkunftsnachweise sehr niedrig sind. Für den Bruchteil eines Cents pro Kilowattstunde kann fossiler Strom in Ökostrom umgelabelt werden. Verrückt? Stimmt.

→ **TIPP** **Mehr erfahren**
Hochwertige Ökostromtarife gibt es unter **www.ecotopten.de/strom/oekostrom-tarife.** Achten Sie zudem auf das ok-power oder das Grüner Strom Label.

Etwa **30.000** Windkraftanlagen stehen bisher in Deutschland.

Einfach sparen: Energie **89**

 Wie kann man die Energiewende unterstützen?

✔ Egal welchen Stromtarif Sie wählen: Sie fördern die Energiewende bereits. Nach dem Erneuerbare-Energien-Gesetz (EEG) wird nämlich in jede Stromrechnung eine EEG-Umlage einberechnet. Etwa 20 Prozent des Strompreises fördern damit Erneuerbare Energien. Im allgemeinen Strommix befindet sich dadurch bereits um die 50 Prozent „echter" Ökostrom.

✔ Versuchen Sie Strom zu sparen.

✔ Werden Sie, wenn möglich, selbst zum Stromproduzenten. Zum Beispiel mit einer Photovoltaikanlage auf dem Hausdach.

✔ Wenn Sie dennoch Ökostrom wollen, achten Sie auf hochwertige Ökostromlabel. Diese kennzeichnen Tarife oder Unternehmen, die nicht nur nachweislich Ökostrom verkaufen, sondern auch noch einen Teil des Erlöses in die Energiewende stecken. Diese Label fördern zum Beispiel innovative Energieprojekte und unterstützen zusätzlich Anbieter, die nicht an Kohle- oder Atomkraftwerken beteiligt sind. Anspruchsvolle Ökostromlabel sind das ok-Power-Label oder das Grüner-Strom-Label.

Energie in der Küche

In Ihrer Küche können Sie viel Energie sparen. Es genügt, wenn Sie beim nächsten Tee bewusst überlegen, ob Sie Ihr Wasser im Topf oder lieber im Wasserkocher heiß machen. Doch auch Neuanschaffungen helfen Ihnen, Energie und Kosten zu sparen. Das ist gut für die Umwelt und für Ihren Geldbeutel.

Elektroherd, Induktionsfeld oder Wasserkocher?

Töpfe gehören zur Grundausstattung der Haushalte. Und ein Wasserkocher steht in jeder zweiten Küche. In viele Neuküchen wird mittlerweile ein Induktionsherd anstelle des Elektroherdes eingebaut. Wasser können sie alle heißmachen. Doch welches Gerät erhitzt Wasser am energiesparendsten?

Im Gegensatz zum Herd hat der Wasserkocher hier klar die Nase vorn. Berechnet man die Herstellung, den Transport und die zukünftige Entsorgung des Gerätes mit ein, erhitzt der Wasserkocher bedarfsgerechter, schneller und umweltfreundlicher.

Nur die Induktionsherde liegen im Vergleich noch weiter vorn. Sie erzeugen ein elektromagnetisches Feld am Boden des Kochtopfs und heizen dadurch seinen Inhalt auf. Durch ihre besondere Technik sind sie fast genauso schnell wie ein Wasserkocher, nutzen aber weniger Energie. Allerdings sind Induktionsherde sehr teuer. Laut Stiftung

Wasserkocher vs. Herd
Stromverbrauch pro Jahr, Werte gerundet, Erhitzung von 2 Liter Wasser pro Tag

Wasserkocher:
80 kWh

Elektroherd, Glaskeramikkochfelder:
115 kWh

Nur mal eben eine kleine Wassermenge kochen? Wenn Sie täglich zwei Liter Wasser kochen und dabei den Wasserkocher benutzen, sparen Sie pro Jahr eine ganze Menge Strom.

Energiesparen in der Küche

Die meisten von uns stehen häufig in der Küche. Ein guter Grund also, sich dort mal nach sinnvollen Energiesparmaßnahmen umzusehen. Mit folgenden Tipps sparen sparen Sie Energie und auch Kosten:

✔ Sie kochen Nudelwasser? Setzen Sie einen Deckel auf den Topf. Das spart bis zu 65 Prozent an Energie, denn der Deckel hält die Hitze zurück.

✔ Sie wollen einen kleinen Topf erhitzen und glauben, mit der großen Platte ginge es schneller? Nehmen Sie trotzdem die kleine. Auf der großen geht rund um den Topf viel zu viel Energie verloren.

✔ Wenn Sie nur kurz Wasser für Tee kochen wollen: Nutzen Sie den Wasserkocher. Er verbraucht weniger Energie als eine Herdplatte. Und füllen Sie nur die Menge ein, die Sie wirklich benötigen.

✔ Schalten Sie die Herdplatte aus, wenn das Essen fast fertig ist. Die Restwärme reicht noch aus, um alles zu Ende zu garen.

✔ Haben Sie einen Schnellkochtopf? Nutzen Sie ihn doch mal wieder. Die meisten Modelle arbeiten sehr energiesparend.

✔ Umluft verbraucht beim Backen weniger Energie als Ober-/Unterhitze. Öffnen Sie nicht ständig die Backofentür. Sie lassen so unnötig viel Wärme hinaus.

✔ Wo steht eigentlich Ihr Kühlschrank? Achten Sie darauf, dass er nicht direkt neben einer Heizung oder dem Backofen steht. Sonst arbeitet der Kühlschrank gegen sehr viel äußere Wärme an und verbraucht dadurch mehr Strom. Dasselbe gilt für heiße Speisen. Lassen Sie Essensreste erst abkühlen, bevor Sie diese in den Kühlschrank stellen.

✔ Stromsparen geht auch beim Auftauen gefrorener Lebensmittel. Stellen Sie das, was Sie am Abend brauchen, schon am Morgen in den Kühlschrank. Die tauenden Lebensmittel werden ihre Kälte abgeben und dadurch dem Kühlschrank die Arbeit erleichtern.

✔ Im Winter brauchen Sie vielleicht gar keinen Kühlschrank oder Gefrierschrank. Verpacken Sie Ihre Lebensmittel gut und stellen Sie sie einfach auf den Balkon.

✔ 7 °C auf der oberen Ebene des Kühlschranks und -18 °C im Gefrierschrank reichen vollkommen aus. Jedes Grad weniger kostet nur unnötig Strom.

Warentest so teuer, dass die Anschaffungskosten auch durch die Energieeinsparung nicht wieder ausgeglichen werden können. Zudem kann die Nutzung von Induktionsherden gesundheitliche Risiken bergen, wenn die Töpfe nicht exakt auf das Kochfeld gesetzt werden. Schwangere und Menschen mit Herzschrittmachern oder ähnlichen elektronischen Implantaten sollten diesen nur mit einem Sicherheitsabstand zum Kochfeld nutzen.

Was bedeutet das nun? Wollen Sie nur eine geringe Menge Wasser bedarfsgerecht erhitzen: Nutzen Sie den Wasserkocher. Wollen Sie eine größere Menge erhitzen, zum Beispiel um Nudeln zuzubereiten, nutzen Sie ebenfalls den Wasserkocher und schütten das heiße Wasser dann in den Topf. So muss die Herdplatte nur noch kurz angeschaltet werden, damit das Wasser weiter kochen kann.

→ **TIPP** Entkalken tut gut
Verkalkte Geräte verbrauchen mehr Energie! Entkalken Sie Ihren Wasserkocher regelmäßig.

Eine **Warmwasserbereitung,** die **über Strom** funktioniert, verbraucht besonders **viel Energie** und ist ein **hoher Kostenfaktor.** Jede Minute in der das Warmwasser über einen **elektrischen Durchlauferhitzer** erwärmt wird, benötigt rund **0,3 kWh** Energie und kostet **10 Cent.**

 „Wenn jeder Kölner, jede Kölnerin für ihren Tee oder Kaffee pro Tag 0,3 Liter benötigen, aber 0,7 Liter erhitzen, wird in einem Jahr so viel Strom verschwendet wie die Einwohner im Stadtteil Zündorf – das sind 10.000 Menschen – in einem ganzen Jahr für ihre elektrischen Geräte benötigen, nämlich 14 Millionen Kilowattstunden."

GERHILD LOER, Energieexpertin
Verbraucherzentrale Nordrhein-Westfalen

Frau Loer, Backofen – Toaster, Mikrowelle – Herd, Wasserkocher – Herd: Was ist eigentlich effizienter?
Um vier Brötchen aufzubacken, ist der Toaster viel besser, weil ein Backofen deutlich mehr Strom und Zeit benötigt, um erstmal den großen Backofeninnenraum auf die richtige Temperatur zu bringen, und um dann 10 Minuten eine kleine Menge Brötchen aufzubacken. Das kann nicht effizient sein. Am besten wird der Backofen, so oft es geht, mit Umluftfunktion genutzt: Die Wärme verteilt sich so schneller im Backraum, und der Ofen kann bei geringerer Temperatur betrieben werden.

Die Mikrowelle empfiehlt sich vor allem zum Aufwärmen kleiner Gerichte bis 500 Gramm, weil sie in diesem Fall weniger Strom verbraucht als ein Herd. Sie ist vor allem dann effizienter als der Herd, wenn ich die Garzeit auf mindestens die Hälfte reduzieren kann. Zum richtigen Kochen ist der Herd aber besser geeignet, da hier parallel auf verschiedenen Platten gekocht und vor allem gebraten werden kann.

Will man aber einen Liter Wasser für Kaffee, Tee oder Nudeln zum Kochen bringen, dann ist der Wasserkocher die beste Wahl. Er benötigt mit Abstand die wenigste Energie. Und auch hier ist der Tipp: Es sollte nur so viel Wasser heiß gemacht werden, wie tatsächlich benötigt wird.

Wer nun Lust bekommen hat, ein wenig mehr Nachhaltigkeit zu genießen, der fragt einfach meine netten Kolleginnen und Kollegen aus der Umweltberatung in den Beratungsstellen: www.verbraucherzentrale.nrw/beratungsstellen. Noch mehr Ideen für weitere „Glückstaten" findet man unter www.mehrwert.nrw.

Kühlschrank, Waschmaschine und Co.

Haushaltsgeräte aussuchen und ersetzen

Kaputte Elektrogeräte können heute leicht ersetzt werden. Doch ist das überhaupt nötig? Mit jedem Gerät, das im Müll landet, gehen wertvolle Rohstoffe verloren. Am besten achten Sie schon beim Kauf darauf, dass Ihr neuer Föhn, das Handy oder die Kaffeemaschine reparaturfreundlich sind. Checken Sie dann folgende Merkmale:

→ Das Gerät ist nicht verklebt, sondern kann über herausdrehbare Schrauben geöffnet werden.
→ Bauteile wie Akkus sollten leicht austauschbar sein.
→ Fragen Sie den Händler, ob es für Ihr Gerät Ersatzteile gibt.
→ Geräte, die lange halten, tragen den „Blauen Engel".
→ Heben Sie den Kassenzettel auf. Im Zweifel kann er Ihren Garantieanspruch beweisen.

 GUT ZU WISSEN

Neue Energielabels

Spülmaschinen, Waschmaschinen, Waschtrockner, Kühl- und Gefriergeräte, Fernseher und Monitore haben seit März 2021 neue Effizienzklassen, Lampen folgen ab September 2021. Die Angaben zum Stromverbrauch sind nicht mit denen der alten Etiketten vergleichbar, aber realistischer. Der Grund sind veränderte Messverfahren. Die neuen Labels haben keine Plus-Klassen mehr wie „A+++" oder „A++" und sind damit aussagekräftiger. Bei z. B. Kühlschränken lagen zuletzt fast alle Modelle in den Bestklassen.

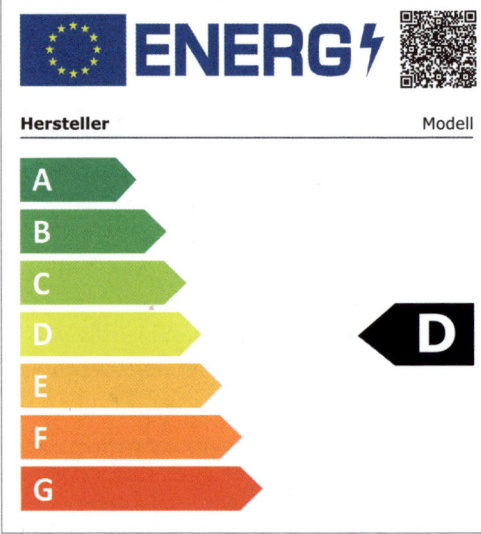

Wenn doch mal was kaputt ist

✔ Fragen Sie beim Händler nach der Gewährleistung. Manchmal kann man ein Gerät noch kostenfrei zur Reparatur einschicken.

✔ Halten Sie Ausschau nach Reparaturbetrieben oder autorisierten Werkstätten. Holen Sie mehrere Angebote ein.

✔ Das Internet ist Ihr Freund. Auf Videoportalen tummeln sich viele Bastler. Vielleicht finden Sie dort eine Reparaturanleitung.

✔ Informieren Sie sich, ob es in Ihrer Stadt ein „Repair-Café" gibt. Das sind Zusammentreffen von Personen, die sich kostenfrei oder gegen eine kleine Gebühr kaputter Elektrogeräte annehmen. Sie können hier Ihr defektes Gerät an Bastler oder ehrenamtliche Fachleute weitergeben.

✔ Wenn Ihr Kühlschrank mehr als zehn Jahre alt ist und kaputtgeht, sollten Sie prüfen, ob eine Reparatur ökologisch sinnvoll ist. Messen Sie den Stromverbrauch Ihrer Kühl- oder Gefriergerätes. Die Verbraucherzentralen verleihen kostenlos Strommessgeräte. Bräuchte ein neuer Kühlschrank nur die Hälfte der Strommenge, wäre ein Neukauf nachhaltiger als der Weiterbetrieb.

Umweltbewusst waschen

Moderne Waschmaschinen sparen Strom und haben häufig eine eingebaute Wiegefunktion, die automatisch Waschzeit und Wassermenge einstellt. Doch lassen Sie sich nicht täuschen: Wirklich stromsparend waschen Sie nur, wenn die Waschmaschine auch voll ist. Wenn Sie energiesparend waschen wollen, sollten Sie außerdem eine möglichst niedrige Temperatur wählen, denn das Aufheizen des Wassers benötigt die meiste Energie. In der Regel genügen 30 bis 40 °C, damit Hemden und Hosen sauber werden. Unterwäsche und Handtücher sollten Sie allerdings im 40 °C bis 60 °C Ecoprogramm mit einem Vollwaschmittel waschen. Ist die Wäsche mit Krankheitserregern belastet, wählen Sie das 60 °C-Programm plus Vollwaschmittel. Hin und wieder eine 60 °C Wäsche mit Vollwaschmittel verhindert muffigen Geruch in der Waschmaschine, da Bakterien und Pilze dann keine Chance haben. Prüfen Sie, ob Ihr Gerät ein Eco- oder Sparprogramm hat. Solche Programme laufen zwar länger, verbrauchen jedoch weniger Strom und Wasser als Kurzprogramme.

Dass chemische Reiniger die Umwelt belasten, ist schon lange kein Geheimnis mehr. Doch wie lässt sich die Wahl des Waschmittels umweltbewusst gestalten? Wer es ganz puristisch mag und einen Garten oder Park in der Nähe hat, kann das Waschen mit Efeublättern ausprobieren. Reißen Sie einfach zehn Efeublätter in der Mitte durch und stecken Sie diese in ein Baumwollsäckchen oder eine zugeknotete Socke. Legen Sie Ihr Efeupäckchen zur Wäsche in die Waschtrommel. Die Saponine in den Blättern setzen die Oberflächenspannung des Wassers herab und lösen so Verschmutzungen. Bei starken Flecken oder sehr hartem Wasser können Sie noch ein wenig Waschsoda aus der Drogerie ins Waschmittelfach geben. Bei sehr hartnäckigen Fällen lohnt es sich auch, die Flecken mit ein wenig Kernseife vorzubehandeln. Das wirkt besser, als wenn Sie bloß die Waschmittelmenge erhöhen.

Doch auch wenn Sie lieber mit Waschmittel aus dem Handel waschen, können Sie umweltbewusste Alternativen finden. Zunächst: Verzichten Sie auf Jumbo-Packungen! Diese enthalten zusätzlich zum Waschpulver nämlich noch Füllstoffe, die keine Waschwirkung haben und bloß das Abwasser belasten. Weichspüler oder zusätzliche Wäscheduftprodukte sollten Sie Ihrer Haut und der Umwelt zuliebe im Laden lassen. Desinfektionswaschmittel werden zwar als besonders hygienisch beworben, doch ein normales Vollwaschmittel, kombiniert mit einer Temperatur ab 60 °C leistet aufgrund der Temperatur und der enthaltenen Bleichmittel den gleichen Dienst. Dosieren Sie das Waschmittel sparsam und machen Sie die Maschine voll. Fertig ist die Wäsche.

Umweltbewusst spülen

Egal wie man es dreht und wendet: Der **Abwasch mit der Spülmaschine** bleibt in den meisten Fällen umweltfreundlicher als der **Abwasch per Hand.** Selbst wenn man Faktoren wie den Energie-, Wasser- und Rohstoffverbrauch zur Herstellung des Geräts mit einberechnet.

Eine Studie der Universität Bonn zeigte, dass es egal ist, aus welcher Nation oder welchem Kulturkreis die Handspüler stammen. Selbst wer besonders sparsam spült, verbraucht für dieselbe Menge Geschirr (in der

 GUT ZU WISSEN

Sammeln Sie dreckiges Geschirr!

Haben Sie einen Geschirrspüler, lohnt es sich, kleinere Geschirrmengen zu sammeln, bis die Maschine voll ist. Kurze Handabwasche zwischendurch verbrauchen insgesamt mehr Wasser und Energie als eine volle Ladung in der Spülmaschine. Bei Neukauf achten Sie auf das EU-Energielabel und den Stromverbrauch. Übrigens: Schmale Spülmaschinen, die im Handel für 1- bis 2-Personen-Haushalte angeboten werden, sind meist weder in der Anschaffung noch im Betrieb günstiger. Wählen Sie also ruhig die breite Variante.

Studie: 140 Geschirrteile) mehr als doppelt so viel Wasser wie die Spülmaschine. Auch der Energieverbrauch zum Erhitzen des Wassers war beim Geschirrspüler niedriger.

Allerdings galt das Ergebnis nur für Fälle, in denen die Spülmaschine vollständig gefüllt war. Wenn zum Beispiel nur wenig Geschirr abgewaschen werden muss, lohnt sich also weiterhin der Handabwasch. Fällt bei Ihnen nicht sehr viel Geschirr auf einmal an, verhalten Sie sich also sehr umweltfreundlich, während Sie selber mit dem Schwamm hantieren.

Mit folgenden Tipps holen Sie aus Ihrem Geschirrspüler den optimalen Umweltnutzen heraus:

Den Geschirrspüler optimal nutzen

- ✔ Machen Sie die Maschine voll. Halbgefüllte Geschirrspüler verbrauchen unnötig viel Wasser und Strom.

- ✔ Verzichten Sie aufs Vorspülen. Das spart Wasser.

- ✔ Wählen Sie das Eco- oder Sparprogramm. Darauf bezieht sich nämlich das Energielabel Ihrer Spülmaschine, was Strom- und Wasserverbrauch angeht.

- ✔ Mehr als 55 °C brauchen Sie nur bei besonders starker Verschmutzung.

- ✔ Lassen Sie das Kurzprogramm Ihrer Maschine ruhen. Obwohl das Sparprogramm länger läuft, ist es effizienter als das Kurzprogramm. Das liegt daran, dass das Wasser nicht so stark erwärmt wird.

- ✔ Dosieren Sie Reinigungsmittel, Salz und Klarspüler passend zur Wasserhärte.

- ✔ Wählen Sie Maschinenspülmittel mit dem Blauen Engel oder dem EU Umweltzeichen.

- ✔ Bei Mitteln ohne Siegel: Lesen Sie die Angaben auf der Verpackung und achten Sie darauf, dass das Mittel keine Benzotriazole enthält. Diese Substanzen werden beigemischt, um Silber zu schonen, sind in Kläranlagen aber kaum abbaubar.

- ✔ Reinigen Sie das Spülmaschinensieb! Sonst dauert der Spülgang länger.

Richtig heizen

Klar, wer im Winter die Heizung voll aufdreht und gleichzeitig die Fenster auflässt, bekommt keine warme Wohnung. Und Energie sparen geht auch anders. Doch wie findet man die richtige Balance zwischen einer angenehmen Wärme, frischer Luft und einer möglichst energiesparenden Heizart? Hier sind ein paar Tipps:

Wie heize und lüfte ich richtig?

- ✔ Querlüften der ganzen Wohnung hilft nicht nur, Schimmel zu vermeiden, sondern sorgt zudem für ein angenehmes Raumklima. Auch im Winter ist regelmäßiges Lüften wichtig. Denn in geschlossenen Räumen sammelt sich das Kohlendioxid aus unserer Ausatemluft an. Ein regelmäßiger Luftwechsel verdünnt außerdem Schadstoffe aus Möbeln und anderen Wohnmaterialien und reguliert die Luftfeuchtigkeit in den Räumen. Deshalb: Lüften Sie mindestens morgens und abends für mehrere Minuten, wenn möglich, indem Sie die Fenster in gegenüberliegenden Räumen vollständig öffnen. (Achtung: Es könnte sein, dass Sie zum Querlüften ein paar Türen feststellen müssen. Sonst wird es laut.) Das Ziel ist ein kompletter Luftaustausch in allen Räumen in möglichst kurzer Zeit. Schließen Sie anschließend die Fenster wieder. Dauerlüften lässt die Wohnung unnötig auskühlen.

- ✔ Heizen Sie im Winter dauerhaft auf mindestens 16 °C. Ausgekühlte Wände sind anfälliger für Schimmel. Zudem dauert es bei kalten Wänden länger, bis sich ein Raum wieder erwärmt. Das kostet viel Energie, die man einsparen kann.

- ✔ Stellen Sie Ihre Möbel um, falls bisher etwas vor einem Heizkörper stand. Ist das nicht möglich, rücken Sie sie wenigstens etwas nach vorn, sodass die aufgeheizte Luft entweichen kann.

- ✔ Lassen Sie Ihre Heizkörper entlüften, wenn sie Geräusche machen. Sonst verbrauchen sie viel Energie, ohne dafür eine wirkliche Heizleistung zu liefern.

Richtig beleuchten

Die richtige Lampe auswählen

Früher war alles leichter. Es gab Glühbirnen und wenn die einmal in einem Lampenschirm oder einer Leuchte hingen, kaufte man einfach Ersatzbirnen in derselben Wattzahl.

Schaut man heute auf die Verpackung eines Leuchtmittels, kommt man vor lauter Angaben schon mal durcheinander. Doch wenn man weiß, worauf man achten muss, fallen umweltbewusste Entscheidungen gar nicht so schwer.

1 Kilowattstunde Strom kostet im Schnitt **27** Cent. Mit der **richtigen Auswahl der Beleuchtung** können Sie viel Geld sparen. **Zählen** Sie doch mal Ihre **Leuchtmittel** und multiplizieren Sie die Anzahl mit den passenden Kosten. Wie viel geben Sie in **10 Jahren** für Licht aus?

Kosten in 10 Jahren

- LED-Lampe 8 W — 21 Euro
- Energiesparlampe 11 W — 29 Euro
- Halogenlampe 42 W — 112 Euro

Die Energieeffizienz

Die Buchstaben auf der Lampenverpackung geben an, wie effizient die Lampe arbeitet. Um es dem Verbraucher leichter zu machen, sind die Buchstaben außerdem mit Farben unterlegt (→ Abbildung Seite 94). Ganz unten auf dem Energielabel steht noch eine Zahl. Sie sehen hier, wie viele Kilowattstunden (kWh) die Lampe verbraucht, wenn sie 1.000 Stunden brennt. Eine Kilowattstunde kostet aktuell etwa 30 Cent. Besonders hohe Effizienzklassen erreichen Licht emittierende Dioden, die sogenannten LEDs. Wählen Sie, wann immer Sie die Wahl haben, LEDs mit der besten Effizienzklasse. Achten Sie beim Kauf neuer Leuchten darauf, welche Leuchtmittel in ihnen verwendet werden können. Was nützt Ihnen eine schicke Nachttischlampe, wenn Sie darin nur Leuchtmittel der Effizienzklasse C verwenden können? Der Unterschied im Stromverbrauch kann bis zu 85 Prozent ausmachen. Achten Sie außerdem darauf, dass jedes Leuchtmittel einzeln ausgetauscht werden kann. Denn andernfalls müssten Sie die ganze Leuchte entsorgen, nur weil ein einzelnes Leuchtmittel ausfällt.

Lumen und Lichtfarbe: Die Helligkeit einer Lampe bemisst sich in Lumen (lm). Je höher der Lumenwert auf der Verpackung, desto heller ist das Leuchtmittel. Die Lichtfarbe wird in Kelvin (K) angegeben. Farbtemperaturen von 2.700 bis 3.300 Kelvin bezeich-

GUT ZU WISSEN

Zur Erinnerung: Lampen entsorgen

Halogen- und Glühlampen dürfen in den Hausmüll. LEDs und Energiesparlampen nicht. Diese gelten als Elektroschrott und müssen an Sammelstellen in Geschäften oder beim Recyclinghof entsorgt werden. Insbesondere Energiesparlampen enthalten geringe Mengen an Quecksilber. Achten Sie deshalb darauf, dass die Lampen nicht kaputtgehen. Ist es doch passiert, öffnen Sie das Fenster für mindestens 15 Minuten und verlassen Sie den Raum. Entfernen Sie die kaputte Lampe mit Gummihandschuhen und einem stabilen Stück Pappe. Legen Sie die Lampenreste in eine stabile Plastiktüte, wischen Sie den Staub und die Glassplitter mit einem feuchten Tuch auf und knoten Sie alles luftdicht in der Tüte ein. Zur Not tut es auch ein altes Einmachglas. Benutzen Sie auf keinen Fall einen Staubsauger! Der verteilt das Quecksilber nur. Lüften Sie dann noch einmal gründlich. Die kaputte Lampe bringen Sie zu Ihrer örtlichen Sammelstelle, wo sie fachgerecht entsorgt wird.

net man als „warmweiß". Durch den relativ hohen Rotanteil im Licht eignet sich diese Lichtfarbe, um eine gemütliche Atmosphäre zu schaffen. Lichtfarben von über 5.300 Kelvin heißen „Tageslichtweiß". Sie eignen sich wegen ihres höheren Blaulichtanteils gut für Arbeitsplätze.

Lebensdauer: Auf den Verpackungen finden Sie eine Angabe zur Lebensdauer der Lampe. Einige Hersteller geben sie in Betriebsstunden an. Die meisten LEDs halten etwa 25.000 Betriebsstunden aus. Das sind bei einer durchschnittlichen Leuchtdauer von drei Stunden pro Tag mehr als 25 Jahre. Es gibt aber auch Hersteller, die auf ihren Lampen 50.000 bis 100.000 Betriebsstunden angeben. Haben Sie mehrere Lampen zur Auswahl, wählen Sie die mit der längsten Lebensdauer. An Stellen, an denen das Licht häufig ein- und ausgeschaltet wird, benötigen Sie eine Lampe mit einer hohen Schaltfestigkeit. Wählen Sie eine Lampe, die man mindestens 50.000 Mal an- und ausschalten kann.

Mehr als
25 Jahre
beträgt
die durchschnittliche
Lebensdauer von LEDs.

Kann ein „Smart-Home" klimafreundlich sein?

Ein **Smart-Home** ist eigentlich nichts anderes als ein Haus, in dem die Technik vernetzt ist. Lampen, Rollladen, Kaffee- und Waschmaschine oder eben Heizungen werden zentral gesteuert und geregelt. Sie können bestimmte Funktionen (zum Beispiel, wann die Heizung angeht und wie warm es in Ihren Räumen sein soll) Ihren Wünschen entsprechend voreinstellen – oder direkt per „Fernsteuerung" mit Ihrem Mobiltelefon eingreifen. Während Sie beispielsweise bei der Arbeit sind, senkt das Smart-Home automatisch die Temperatur in allen Räumen. Rechtzeitig bevor Sie wieder nach Hause kommen, stellt es die Heizung an. Das bedarfsgerechte Heizen kann Energiekosten sparen. (Übrigens: Wenn Sie kein Smart-Home haben, erfüllt ein programmierbares Thermostat denselben Zweck.)

Bewegungsmelder hingegen tragen nicht dazu bei, die Energiebilanz zu verbessern. Zwar schaltet sich durch sie das Licht ab, wenn sich längere Zeit niemand in einem Raum aufhält. Doch durch den Stromverbrauch und die Batteriekosten der Geräte selbst, machen diese Ihr Zuhause weder energie- noch kostensparender.

Um Smart-Home-Funktionen nutzen zu können, müssen Sie nicht erst einen Neubau planen. Fast jedes Eigenheim kann, zumindest teilweise, zum Smart-Home aufgerüstet werden. Und auch für Mieter gibt es einfache Lösungen, mit denen das Wohnen komfortabler und energiesparender wird.

Als Mieter Strom produzieren – geht das?

Wenn Sie einen Balkon oder eine Terrasse haben, können Sie eigenen Strom produzieren – auch ohne Solaranlage auf dem Dach oder komplizierte Netzeinspeisung.

Stecker-Solargeräte erzeugen aus Sonnenlicht elektrischen Strom, der automatisch in **Haushaltsstrom** umgewandelt wird. Sie finden solche Geräte auch unter der Bezeichnung **Mini-Solaranlage, Plug & Play Solaranlage** oder **Balkonmodul**. Die kleinen Photovoltaik-Systeme können an der Balkonbrüstung befestigt oder auf der Terrasse aufgestellt werden. Sie fangen Sonnenstrahlen ein und leiten Strom in die Steckdose, in die sie eingesteckt sind – und von dort in Geräte, die in anderen Steckdosen in der Wohnung eingesteckt sind. Wenn nötig, fließt noch Strom Ihres Energieversorgers hinzu, allerdings nur so viel, wie zusätzlich zum eigenen Solarstrom benötigt wird. Handelsübliche Stecker-Solargeräte haben eine Nennleistung von 300 bis 600 Watt (0,6 kWp). Große Dachanlagen schaffen mindestens fünf- bis 30-mal so viel, doch auch ein Stecker-Solar-

Einfach sparen: Energie **103**

 GUT ZU WISSEN

Voraussetzungen für „Mini-Solaranlagen"

- Möglichst schattenfreien Balkon, Terrasse, Dachfläche vor dem Fenster oder Hauswand.
- Erlaubnis des Vermieters oder der Eigentümergemeinschaft.
- Ein Elektriker hat die Eignung des Stromkreises für die Einspeisung von Solarstrom geprüft.
- Nur ein Solargerät pro Stromkreis! Keine Koppelung von Geräten mithilfe von Mehrfachsteckdosen.
- Anmeldung beim Netzbetreiber und Eintragung im Marktstammdatenregister.

gerät kann die Grundlast Ihres Stromverbrauchs mittragen.

Sie bekommen ein Stecker-Solargerät in einem Preisrahmen von etwa 350 bis 500 Euro. Bis sich die Anschaffung finanziell rechnet, kann es also ein paar Jahre dauern. Doch dafür halten die Geräte lange und liefern jedes Jahr Strom aus erneuerbaren Energien. Immer mehr Städte und Kommunen, aber auch Bundesländer, fördern die Anschaffung mit Zuschüssen – Nachfragen lohnt sich! Informationen zur Geräteauswahl, -anmeldung und -installation erhalten Sie bei Ihrer Verbraucherzentrale.

Ein **300**-Watt-Modul liefert etwa **200** Kilowattstunden Strom/Jahr.
Voraussetzung: **Südbalkon ohne Schatten.**

Übrigens: So viel Strom verbrauchen Kühlschrank und Waschmaschine in einem 2-Personen-Haushalt/Jahr.

Bewusst nutzen:
Wasser

Wasser ist Leben. Wir brauchen es nicht nur zum Trinken und Kochen, sondern auch zur Körperhygiene, zum Putzen oder um den Rasen zu sprengen. In Industrie und Landwirtschaft ist Wasser ein unverzichtbarer Rohstoff. Verunreinigtes Wasser hingegen ist ein großes Umweltproblem. Flüsse und Meere leiden darunter, wenn Chemikalien oder Abfallstoffe ihren Weg hineinfinden. Mit unserem Verhalten beeinflussen wir nicht nur die Natur in unserem direkten Umfeld. Auch Ökosysteme auf der ganzen Welt bekommen unsere Entscheidungen zu spüren.

Brauche ich für Leitungswasser einen Wasserfilter? Kenne Sie auch diese Werbesendungen, in denen glückliche Menschen endlich klares Wasser trinken können, weil sie einen Wasserfilter gekauft haben? Vor allem für Babys sei das geeignet, suggeriert so mancher Hersteller. Braucht nun also jeder Haushalt einen Wasserfilter?

Sie können beruhigt sein. Wenn Sie sich nicht gerade auf einer Rucksacktour durch abgelegene Naturlandschaften befinden, ist ein Wasserfilter keine notwendige Anschaffung. Zunächst einmal hat sowieso jede Wasserleitung in unseren Breiten einen mechanischen Partikelfilter. Der ist nach DIN-Norm vorgeschrieben und sitzt gleich hinter der Wasserzähleranlage.

Außerdem wird das Trinkwasser in Deutschland streng kontrolliert und mit erlaubten Grenzwerten abgeglichen. Damit wird sichergestellt, dass man das Wasser aus dem Hahn

> ### ⓘ GUT ZU WISSEN
>
> **Im Zweifel: Rohre überprüfen!**
>
> In Häusern, die nach 1973 gebaut wurden, fließt das Wasser nicht mehr durch Bleirohre. Leben Sie ein einem älteren Gebäude, sollten Sie Ihr Trinkwasser auf Bleirückstände testen lassen.
> In Mehrfamilienhäusern mit großen Wasseraufbereitungsanlagen, wird zudem regelmäßig und verpflichtend ein Test auf Legionellen durchgeführt. Diese Stäbchenbakterien finden sich nur selten. Sie kommen in Warmwasseraufbereitungen vor, in denen dauerhaft eine zu niedrige Temperatur eingestellt ist. Es wird daher empfohlen, die Anlage so einzustellen, dass das heiße Wasser mit einer Temperatur von 60 °C aus dem Hahn kommt. Eine Untersuchung auf Legionellen ist für Einfamilienhäuser nicht vorgeschrieben, weil hier in der Regel die Wasseraufbereitungsanlagen kleiner sind als in Mehrfamilienhäusern.
> Legionellen übertragen sich über Wasserdampf, zum Beispiel beim Duschen, und können Lungenkrankheiten auslösen. Im Trinkwasser oder in der Nahrung sind sie hingegen ungefährlich.

jederzeit bedenkenlos trinken kann. Zwar kann unser Trinkwasser Spuren von Medikamenten oder Nitrat enthalten, doch unterschreiten diese in der Regel die zugelassenen Grenzwerte so weit, dass sie nur noch mit hochmodernen Testverfahren festgestellt werden können. Eine Wirkung im Körper können sie nicht entfalten. Auch für Kleinkinder und Kranke ist der Genuss von Trinkwasser direkt aus dem Wasserhahn unbedenklich.

Wasserfilter helfen also nicht dabei, eine hygienischere Wasserqualität herzustellen. Im Gegenteil: Trinkwasser, das lange in einem Tischwasserfilter steht, kann schnell verkeimen und damit eine Gesundheitsgefahr darstellen. Auch benutzte Filter, die zu selten gewechselt wurden, können Keime im frischen Wasser verteilen. Die Kartuschen müssen daher am besten im Kühlschrank aufbewahrt und regelmäßig ausgetauscht werden. Dabei fällt eine Menge Müll an, den Sie vielleicht einsparen können.

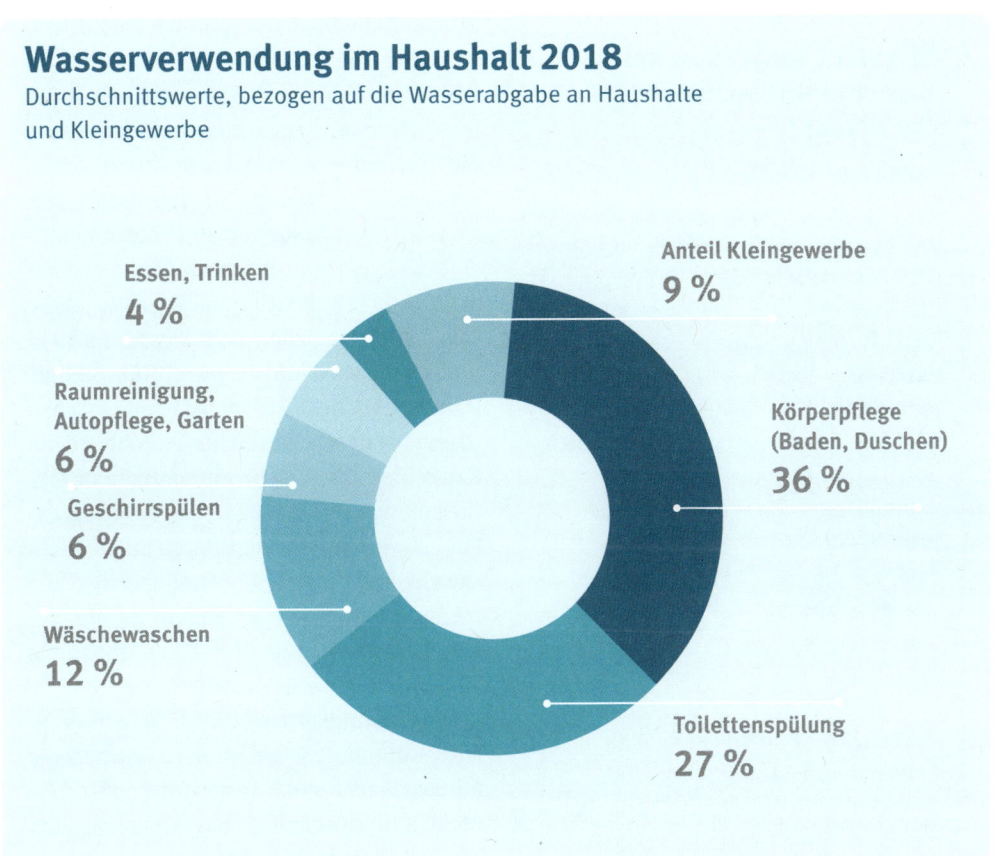

Muss ich in Deutschland Wasser sparen?

Selbst in den trockensten Sommern haben wir in Deutschland noch genügend Wasservorräte, um daraus Trinkwasser zu gewinnen. Das liegt daran, dass wir in einer regenreichen Region liegen. Trotzdem ist es sinnvoll, den eigenen Wasserverbrauch kritisch zu hinterfragen. Denn von den rund 120 Litern, die jeder von uns statistisch gesehen pro Tag verbraucht, dienen lediglich vier Prozent dem Kochen oder Trinken.

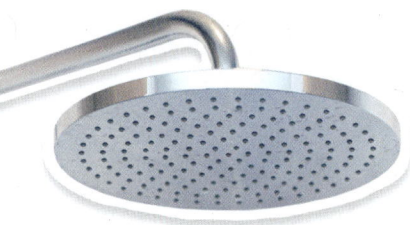

Wie viel Liter Wasser verbraucht Ihr Duschkopf überhaupt?

Um herauszufinden, wie viel Liter Wasser Sie beim Duschen verbrauchen, benötigen Sie nur einen Eimer mit 10 Litern Fassungsvermögen. Drehen Sie das Wasser so auf, wie Sie es auch bei einer Dusche tun würden und stoppen Sie die Zeit, bis die 10-Liter-Markierung erreicht ist. Nun können Sie ausrechnen, wie viel Wasser pro Minute durch Ihren Duschkopf fließt.
Multiplizieren Sie die 60 Sekunden mit dem 10 Liter Fassungsvermögen des Eimers. Teilen Sie die errechnete Zahl von 600 durch die Zahl Ihrer gemessenen Sekunden.

Beispiel: Es dauert 45 Sekunden, bis Ihr Duschkopf die 10 Liter gefüllt hat.
600 : 45 = 13,3 Liter
Pro Minute fließen also 13,3 Liter Wasser durch Ihren Duschkopf. Das Berechnungsverfahren nennt man „auslitern". Das Ergebnis ist die sogenannte Schüttmenge.
Wenn Sie jetzt noch abschätzen, wie lange Sie üblicherweise duschen, wissen Sie, wie viel Wasser Sie pro Duschgang verbrauchen.

Wasser beim Duschen sparen ist einfach

Wenn Sie beim Duschen Ihren Warmwasserverbrauch reduzieren, spart das neben der reinen Wassermenge auch die Energie ein, die benötigt wird, um das Duschwasser zu erwärmen. Je weniger Energie produziert werden muss, desto umweltschonender.

Mit einem **Sparduschkopf** aus dem Baumarkt, können Sie schon viel erreichen. Diese Duschköpfe mischen dem Wasser Luft bei und begrenzen damit die **Durchflussmenge.** Handelsübliche Duschköpfe lassen zwischen 10 und 14 Liter fließen. Achten Sie daher beim Kauf eines Sparduschkopfes auf die Durchflussmenge, die auf der Verpackung angegeben ist. Am besten investieren Sie in einen Duschkopf, dessen Schüttmenge, also die Menge an hindurchfließendem Wasser, unter 9 Liter pro Minute liegt. Mehr Tipps gibts auf Seite 110.

Sogenannte Regenwasserduschen verteilen das durchfließende Wasser zwar über eine größere Fläche, doch wassersparend sind sie nicht. Einige Regenduschen verbrauchen um die 20 Liter Wasser pro Minute.

Gießen mit Regenwasser

Wir nutzen aufbereitetes Trinkwasser nicht nur zum Trinken und Kochen, sondern auch für die Toilettenspülung oder das Gießen unserer Gartenblumen. Außer in der Küche, ist es jedoch eigentlich nicht immer notwendig aufwendig gefiltertes Wasser zu benutzen. Regenwasser täte es auch. Tatsächlich ist das weiche Regenwasser als Gießwasser für die meisten Pflanzen viel besser geeignet, als kalkhaltiges Trinkwasser.

Wenn Sie einen Garten haben, bietet es sich also an, Regenwasser als Gießwasser zu sammeln. Weil Pflanzen empfindlich sind: Achten Sie darauf, dass Sie es in einem kupfer- oder zinkfreien Gefäß auffangen. Auch sollten Sie kein Regenwasser nutzen, das zuvor über ein Dach aus Teerpappe geflossen ist oder über Dachpfannen, die mit Pflanzenschutzmitteln behandelt wurden. Ab besten stellen Sie einfach eine Regentonne unter ein Fallrohr oder eine Regenrinne.

Weitere Arten von Regenwassernutzung, zum Beispiel für die Toilettenspülung, lohnen sich finanziell eher dann, wenn man sehr viel Wasser verbraucht. Die Kosten für eine eigene Regenwassernutzungsanlage müssen ja durch die Wasserersparnis erst wieder hereingeholt werden.

 ACHTUNG

Zum Duschen und an allen Wasserhähnen in Bad und Küche sollten Sie ausschließlich Trinkwasser nutzen. Gesammeltes Regenwasser ist hierfür nicht geeignet.

Wasser sparen

- Haben Sie eine Wasseruhr in der Wohnung oder im Haus? Falls ja, lohnt es sich, den Wasserverbrauch eine Zeit lang bewusst zu verfolgen. Er sinkt dadurch automatisch, weil man ihn bewusster wahrnimmt.

- Ein Durchflussbegrenzer am Wasserhahn sorgt dafür, dass weniger Wasser hindurchfließen kann. Perlatoren verwirbeln das Wasser sogar noch mit Luft. Durch eine Kombination von beiden lässt sich viel Wasser sparen. Sie erhalten die Bauteile für ein paar Euro im Baumarkt. Sorgen Sie außerdem dafür, dass Ihr Wasserhahn nicht tropft. Das spart Ihnen in 24 Stunden bis zu 10 Liter Wasser.
Achtung: Durchflussbegrenzer eignen sich nicht für hydraulische Durchlauferhitzer!

- Schaffen Sie sich eine neue Armatur an, wenn Sie noch zwei getrennte Wasserhähne haben. Einhandhebelmischer regeln die Temperatur schneller und begrenzen dadurch den Wasserverbrauch. Stellen Sie den Hebel immer nach rechts auf die „Kalt-Funktion". So wird nicht automatisch Warmwasser angemischt. Alternativ können Sie sich einen Einhandhebelmischer besorgen, der auch in der mittleren Position ausschließlich kaltes Wasser fließen lässt.

- Moderne WC-Spülkästen haben eine Spartaste. Ältere Modelle können Sie mithilfe einer Wasserstopp-Taste auf den neuesten Stand bringen.

- Duschen statt Baden spart Wasser und schont die Haut. Unter der Dusche und beim Händewaschen können Sie das Wasser abdrehen, während Sie sich einseifen.

- Wenn Sie Ihren Garten tagsüber sprengen, verdunstet durch die Sonneneinstrahlung eine große Menge Wasser. Verschieben Sie das Rasensprengen deshalb lieber auf den frühen Morgen oder auf den Abend. Manchmal ist zusätzliches Gießen auch gar nicht notwendig und die Pflanzen kommen alleine zurecht. Prüfen Sie deshalb, ob Sie zwischendurch mal einen oder mehrere Tage aussetzen können.

Halten Sie Ihr Abwasser sauber!
Auch wenn Deutschland zu den Regionen gehört, in denen keine Trinkwasserknappheit herrscht, können wir Probleme mit Wasserverschmutzung bekommen. Selbst das beste Klärwerk kann einige Stoffe, die in unserem Abwasser landen, nur schwer oder gar nicht herausfiltern.

Es entlastet die Abwasseraufbereitung also enorm, wenn Sie auf einige Dinge achten. Abgesehen von Putzwasser, das in der Toilette und nicht im Straßengully entsorgt werden sollte (denn der leitet Abwässer häufig ungeklärt über das Regenwassersystem in den nächstgelegenen Fluss), gehören folgende Substanzen ebenfalls auf keinen Fall ins Abwasser:

- **Speisereste, Öle und Fette**
 Achtung, Verstopfung vorprogrammiert: Entsorgen Sie diese lieber im Restmüll, statt in der Toilette.
- **WC-Duftsteine**
 Verzichten Sie besser darauf.
- **Scharfe Reinigungsmittel/Entkalker**
 Benutzen Sie Zitronensäure aus dem Handel.
- **Zu viel Waschpulver**
 Prüfen Sie unbedingt den Härtegrad Ihres Wassers. Dosieren Sie entsprechend.
- **Feuchttücher**
 Egal ob feuchtes Toilettenpapier, Brillenputztücher, Makeup-Entferner-Tücher oder Baby-Feuchttücher: Die Tücher lassen sich nicht auflösen und können die Pumpen im Abwassernetz verstopfen. Das ist zwar nicht umweltschädlich aber lästig, wenn sich das Wasser bis in die Wohnung zurückstaut. Werfen Sie sie besser in den Restmüll.
- **Alte Medikamente**
 Geben Sie abgelaufene Tabletten, Cremes und Flüssigmedikamente in einer Apotheke ab oder werfen Sie sie in den Restmüll.
- **Farbreste**
 Alte Farbtöpfe werden Sie beim Wertstoffhof los.
- **Dünger/Pflanzenschutzmittel**
 Zu viel Dünger belastet das Grundwasser. Verzichten Sie außerdem auf chemische Pflanzenschutzmittel.
- **Streusalz**
 Steigen Sie um auf Kalkstein, Sand oder Quarzit. Achten Sie auf das Umweltzeichen „Blauer Engel".
- **Öl, Ruß, schwermetallhaltiger Schmutz**
 Waschen Sie Ihr Auto nicht am Straßenrand, sondern fahren Sie in eine Waschanlage.

Umdenken lohnt sich: Mobilität

Wir alle sind fast täglich in Bewegung. Wir fahren zur Arbeit, zur Schule oder zum Einkaufen. Wir nutzen Busse und Bahnen, Fahrräder und neuerdings auch E-Scooter. An unsere Urlaubsorte gelangen wir mit Autos, Zügen oder Flugzeugen. Doch wie umweltfreundlich ist das alles eigentlich? Wie müsste unsere Mobilität aussehen? Viele Stellen unseres Alltags bieten hier die Möglichkeit zu bewussten Entscheidungen.

Umweltfreundliche Mobilität: E-Scooter, Fahrrad oder Auto?

E-Scooter gelten als umweltfreundlich und stehen in immer mehr Städten als Leihfahrzeug zur Verfügung. Über eine App schaltet man den Scooter frei, fährt ein Stück und stellt ihn dann an anderer Stelle wieder ab. Der nächste Nutzer sieht über die App des Anbieters, wo in seiner Nähe der nächste E-Scooter zur Verfügung steht.

Seit E-Scooter in den Großstädten an Bedeutung zunehmen, gibt es auch Studien, die den Grad der „Umweltfreundlichkeit" bestimmen sollen. Wie „grün" ist also das neue Fortbewegungsmittel?

Die University of North Carolina hat in einer Studie verschiedene Szenarien berechnet und dabei festgestellt, dass E-Scooter zwischen 88 und 126 Gramm Kohlendioxid pro Kilometer produzieren. Mit eingerechnet wurden die Emissionen, die bei der Herstellung des Fahrzeugs frei wurden und diejenigen, die entstehen, wenn die Geräte mit Lastwagen zum Aufladen eingesammelt werden. E-Scooter sind damit, was den Kohlendioxid-Ausstoß angeht, umweltfreundlicher als Autos – aber nicht so umweltfreundlich wie ein Bus im Personennahverkehr.

Probleme gibt es vor allem dann, wenn E-Scooter kaputt gehen. E-Scooter werden nämlich häufig in China hergestellt, wo der Strom aus Kohle gewonnen wird. Jeder neu hergestellte Scooter erzeugt also einen Ausstoß von Kohlendioxid. Zudem nutzen die meisten Menschen die Fahrzeuge nicht wie gedacht, um das Auto zu ersetzen, sondern anstatt Fahrrad zu fahren oder zu Fuß zu gehen.

Sie können einen E-Scooter also umweltfreundlich nutzen, wenn Sie die übliche Autofahrt durch öffentliche Verkehrsmittel ersetzen und den „letzten Kilometer" per Scooter zurücklegen. Die eingesparte Menge an Kohlendioxid, die bei der Autofahrt angefallen wäre, ist weitaus größer als der Ausstoß des E-Scooters. Spaßfahrten oder Fahrten, bei denen Sie sonst den Bus genommen hätten, sind hingegen eine zusätzliche Umweltbelastung.

Flüge kompensieren
Wenn Sie um eine Reise im Flugzeug nicht herumkommen, können Sie bei verschiedenen Anbietern freiwillige „Kompensationsgebühren" zahlen. Das sind Beiträge, die danach berechnet werden, wie viel Kohlendioxid durch den Flug ausgestoßen werden. Das Geld fließt in Projekte, die darauf abzielen, Kohlendioxid zu binden, zum Beispiel in neu gepflanzten Bäumen.

Fahrgemeinschaften bilden

Natürlich würde es die Umwelt schonen, wenn wir alle weniger Auto fahren würden. Doch manchmal gibt es vielleicht keine passende Busverbindung oder die Strecke zum Ziel ist zu weit, um sie mit dem Rad zurückzulegen. Wenn Sie um das Autofahren nicht herumkommen, können Sie immer noch darüber nachdenken, Fahrgemeinschaften zu bilden. Sie bringen die Kinder zum Sport? Dann nehmen Sie doch die Nachbarskinder gleich mit. Auf dem Weg zur Geburtstagsfeier fahren Sie vielleicht einen kleinen Schlenker und nehmen weitere Gäste mit. Schauen Sie sich auf der Straße mal bewusst um: In den meisten Autos sitzen nur ein bis zwei Personen. Die freien Plätze fahren ungenutzt mit. Um diese Kapazitäten zu nutzen gibt es gleich mehrere Apps und Online-Angebote. Mit ein paar Klicks können Sie hier die Strecke eingeben, die Sie fahren werden und wie viele Plätze Sie zur Verfügung haben. Gegen ein kleines Entgelt können andere Nutzer des Angebots bei Ihnen zusteigen. Das Prinzip funktioniert auch andersherum: Im Onlineangebot können Sie nachschauen, ob jemand in dieselbe Stadt fährt, in die Sie auch möchten. Per Mausklick nehmen Sie Kontakt auf und können am vereinbarten Treffpunkt zusteigen. Auch Fernbusse sind eine Art Fahrgemeinschaft. Vielleicht ist eine der Linienverbindungen ja eine Alternative zur Autofahrt.

Auf einer Strecke von 100 km beträgt der CO_2-Ausstoß pro Person:

Bus und S-Bahn: ca. **6,5 kg**

Flugzeug: **21,1 kg**

Fernbus: **2,3 kg**

Auto: ca. **16,2 kg**

Elektro-Auto: ca. **12,5 kg**

Fernzug: ca. **3,6 kg**

Autos teilen mit anderen: Carsharing

Auch wenn Carsharing bisher nur eine Nische in der Mobilität darstellt, beschäftigen sich immer mehr Menschen mit dem Thema: „Brauche ich überhaupt ein eigenes Auto?" Wer an einem Carsharing-Programm teilnimmt sagt: „Ja, aber nicht jeden Tag."

Carsharing ist eine gute Lösung für alle, die ab und zu ein Auto nutzen möchten, aber keines besitzen wollen. In vielen Städten haben Carsharing-Anbieter diesen Bedarf erkannt. Sie stellen ihren Mitgliedern oftmals einen ganzen Fuhrpark von Fahrzeugen zur Verfügung: vom City-Flitzer bis zum Transporter ist für jeden etwas dabei.

Interessierte suchen sich ein Fahrzeug aus, wählen die Mietzeit und zahlen dann die Nutzungsdauer sowie einen festen Pauschalpreis pro Kilometer. Hinzu kommt häufig eine monatliche Grundgebühr. Verschiedene Tarifmodelle berücksichtigen Viel- und Wenigfahrer.

Je nach Stadt finden Carsharing-Nutzer den nächsten freien Wagen per App, entweder irgendwo im Stadtgebiet oder auf festen Stellplätzen, wohin das geliehene Fahrzeug nach der Fahrt zurückgebracht werden muss. Abgesehen davon ist die Carsharing-Landschaft so vielfältig wie die Fahrzeuge auf den Straßen. Manche Fahrzeuge können per Mitgliedskarte geöffnet werden und enthalten Bordcomputer, die per PIN freigeschaltet werden. Andere stehen neben einem Schlüsseltresor, der den Wagenschlüssel nur nach Eingabe der PIN freigibt.

Ein Nachteil des Carsharings ist allerdings, dass man die Fahrzeuge in der Regel nur innerhalb eines bestimmten Radius benutzen kann und sie nicht in einer anderen Stadt abstellen kann – so wie es etwa mit einem Mietwagen der Fall ist. Auch die Tatsache, dass viele Menschen dasselbe Fahrzeug nutzen, kann zu Schwierigkeiten führen.

Ein Fahrzeugcheck vor Beginn der Fahrt ist unerlässlich, damit Schäden rechtzeitig gemeldet werden können. Sonst zahlt man im Zweifel für eine Delle, die der Vorgänger verursacht hat. Rücksichtnahme und Sauberkeit sollten eine Selbstverständlichkeit sein.

Der Bundesverband CarSharing (bcs, www.carsharing.de) weist darauf hin, dass geteilte Fahrzeuge dazu führen können, dass Umwelt und Verkehr entlastet werden: We-

---

65,8 Millionen Fahrzeuge waren bis Mitte 2020 in Deutschland zugelassen.

niger Fahrzeuge auf den Straßen führen zu vermindertem Schadstoffausstoß. Zudem sind Fahrzeuge von kommerziellen Anbietern häufig neu und nutzen dadurch umweltfreundlichere Technik als ältere Fahrzeuge.

Vielleicht gibt es ja auch in Ihrer Stadt einen Anbieter für Carsharing. Am besten, Sie informieren sich direkt dort über die Teilnahmebedingungen.

Zusteigen per App: Mitfahrzentralen

Wer weder ein eigenes Auto besitzt, noch auf Carsharing-Angebote zurückgreifen möchte, für den ist vielleicht eine der vielen Mitfahrzentralen geeignet. Verschiedene Anbieter stellen per App eine Plattform zur Verfügung, auf der Fahrer und Mitfahrer Kontakt aufnehmen können. Wer mit dem eigenen Auto von einer Stadt zur anderen fährt, kann im App-Profil angeben, wie viele freie Plätze es gibt und was eine Fahrt kostet. Interessierte Mitfahrer können sich dann melden und an einem vereinbarten Ort zusteigen.

Am Ende der Fahrt bewerten Fahrer und Mitfahrer einander gegenseitig. Zukünftige Nutzer der App erhalten so Informationen zum Fahrstil und Musikgeschmack des Fahrers oder zur Pünktlichkeit und zum Verhalten des Mitfahrers.

Im Jahr 2020 gab es in Deutschland

226 Carsharing-Anbieter. Dort waren insgesamt

2,29 Millionen

Teilnehmende registriert.

Noch mehr
Ideen

Abgesehen von den großen Themen wie unserer Fortbewegung oder unserer Müllentsorgung, gibt es im Alltag auch viele kleine Möglichkeiten, um umweltbewusst zu handeln. Sobald Sie die Grundprinzipien verinnerlicht haben, geht der Rest fast von allein.

Umweltbewusstere Alternativen zu Althergebrachtem zu finden, wird dann schnell zur festen Gewohnheit. Hinterfragen Sie ruhig mal ein paar Bereiche Ihres Alltags und lassen Sie Ihre Phantasie spielen. Bestimmt entdecken Sie dann schnell ein paar Lebensbereiche, in denen Sie nachhaltiger handeln können.

Umweltfreundlicher Grabschmuck
Sowohl die Bepflanzung einer Grabstätte als auch Blumengestecke oder Lichter können umweltbewusst ausgesucht werden. Mit ein paar einfachen Tricks, steht der nächsten Neugestaltung nichts im Wege:

→ Grabgestecke werden häufig mit Plastikschnüren gebunden oder mit Dekoration aus Kunststoff versehen. Indem Sie auf Grabschmuck setzen, der aus Naturmaterialien besteht, tun Sie gleich zweimal etwas Gutes: Sie sparen Plastikmüll und sorgen außerdem noch dafür, dass das Gesteck später in den Kompost darf.

→ Wenn Sie ein Licht aufstellen wollen: Verzichten Sie besser auf LEDs. Denn die Entsorgung ist hinterher aufwendiger als die Anschaffung. LED-Lampen werden als

Elektroschrott eingeordnet und dürfen nicht in den Restmüll. Das bedeutet, dass Sie sie entweder bei einem Wertstoffhof oder einem Elektrogeschäft abgeben müssten. Da lohnt sich doch schon eher die Anschaffung einer Grablampe mit Kerzen. Wenn Sie die üblichen Kunststofflichter links liegen lassen, sparen Sie eine Menge Plastikmüll ein. Am umweltfreundlichsten sind Grablichter mit austauschbaren Kerzen.

→ Wählen Sie heimische Pflanzen als Bepflanzung. Einige hübsch blühende Pflanzen sind außerdem eine Nahrungsquelle für Bienen oder Schmetterlinge. Eine kundige Gärtnerei berät Sie sicher gern.

Torffreie Blumenerde – warum?

Nicht alles, wo „Bio" draufsteht, ist auch wirklich umweltschonend. Legen Sie beim Kauf von Blumenerde Wert auf „torffreie" Erde, auch wenn einige Gartenprofis auf die guten Eigenschaften torfhaltiger Erde schwören. Denn der Torf, der handelsüblichen Blumenerden untergemischt wird, stammt aus jahrhundertealten Moorböden. Torf besteht aus den welken Pflanzenstängeln des Torfmooses, die besonders viel Kohlendioxid festhalten – im wahrsten Sinne das CO_2 von Jahrhunderten.

Der Abbau von Torf aus den Moorböden führt dazu, dass das in den Pflanzenstängeln gebundene Kohlendioxid frei wird und als Treibhausgas in die Atmosphäre gelangt. Nur der nasse Torf eines intakten Moores behält seine Speicherfähigkeit. Achten Sie deshalb beim Kauf von Blumenerde auf die genaue Kennzeichnung. Auch „Bio-Blumenerde" kann Torf enthalten, denn der Begriff „Bio" ist nur für Lebensmittel gesetzlich geschützt. Bei Blumenerde bedeutet er lediglich, dass kein Kunstdünger zugesetzt wurde.

Wie Sie Pflanzenschutzmittel vermeiden

Es klingt banal, aber das beste Mittel gegen kranke Pflanzen im Garten und auf dem Balkon ist die Wahl des richtigen Standortes. Pflanzen, die zu kühl oder zu sonnig stehen, können nicht richtig gedeihen und werden anfällig für Krankheiten. Ebenso wichtig ist die Auswahl des richtigen Bodens. Einige Pflanzen brauchen lockere, humusreiche Erde, anderen bevorzugen trockene, sandige Böden. Stehen die Wurzeln im falschen Substrat, leiden auch die Abwehrkräfte der

Pflanze. Überprüfen Sie auch, ob Ihre Pflanzen nass werden dürfen. Man sollte es nicht meinen, aber einige Tomatenpflanzen mögen keinen Regen von oben und entwickeln im Nassen schnell Krankheiten.

Je mehr Nützlinge Sie außerdem in die Nähe Ihrer Pflanzen locken können, desto besser. Marienkäfer, Florfliegen und Schlupfwespen halten Ihnen eine ganze Palette unliebsamer Besucher von Ihren Pflanzen fern.

Ist es dann doch mal passiert, müssen Sie nicht gleich mit Chemie an Ihre Töpfe. Einen geringen Befall mit Schädlingen können Sie vielleicht noch per Hand aufhalten: Sammeln Sie so viele Tiere wie möglich ab. Im Zweifel können Sie vielleicht einen ganzen Trieb abschneiden, um ein Ausbreiten zu verhindern. Nutzen Sie die ganze Palette umweltfreundlicher Mittel, bevor Sie zur Chemie greifen: Schneckenzäune, Pflanzenjauchen oder Hausmittel. Doch achten Sie darauf, dass Sie die Nützlinge nicht gleich mit entfernen. Mehr zum „Nachhaltig Gärtnern" → Seite 10.

→ **TIPP Einfach heiß machen**
Erhitzen Sie Pflanzerde vor dem Gebrauch für circa 30 Minuten bei 70 Grad im Backofen. Das kann Schädlinge abtöten.

Weihnachtsbaum „Bio"

Selbst an Weihnachten können Sie die Umwelt schützen, indem Sie das zentrale Schmuckstück – den Weihnachtsbaum – bewusst aussuchen. Halten Sie Ausschau nach einem Bio-Weihnachtsbaum, der ohne Pestizide und Düngemittel gezogen wurde. Sie erkennen solche Bäume am Siegel der Bio-Verbände „Bioland" oder „Naturland", sowie am FSC-Zertifikat oder dem EU-Biosiegel. Wenn Sie dann noch einen Baum finden, der aus Ihrer Region stammt und keine langen Transportwege hinter sich hat: Volltreffer!

→ **TIPP Wo gibt's Bäume?**
Auf der Webseite der Umweltorganisation „Robin Wood" finden Sie eine Übersicht über Verkaufsstellen, die Bio-Weihnachtsbäume anbieten: www.robinwood.de

„Jeder Mensch sollte sorgsam und verantwortlich mit Rohstoffen und Energie umgehen."

BERNHARD OBERLE ist Diplom-Oecotrophologe und als Umweltberater der Verbraucherzentrale im Märkischen Kreis, NRW, tätig.

Überall hört man von „Nachhaltigkeit". Das klingt sehr nach Einschränkung und Verzicht, wo bleibt da der Spaß?

Luxus bedeutet heute nicht mehr, möglichst viel zu besitzen, sondern möglichst gut zu leben. Das passt ganz wunderbar zu einem nachhaltigen Lebensstil. Man hat festgestellt, dass Motivation und Zufriedenheit sehr hoch sind, wenn ich etwas Gutes tue und das auch noch genießen kann, egal ob ich Rad fahre oder faire Schokolade esse.

Wie könnte nachhaltiger Genuss noch aussehen?

Einkaufen auf dem Markt ist ein gutes Beispiel. Genuss durch Riechen, Fühlen, Schmecken und nette Unterhaltungen. Dabei ganz nebenbei saisonal und regional einkaufen. Wer die Lebensmittel dann noch richtig lagert und Reste verwertet, liegt schon super in der Wertung. Wer gerne noch eine Liga höher spielen möchte, kann sich einer lokalen Foodsharing-Gruppe anschließen, etwa über „foodsharing.de".

Gibt es noch andere Möglichkeiten, mit Gleichgesinnten etwas zu verändern?

In vielen Orten haben sich in den letzten Jahren Reparaturcafés, Nähcafés und offene Werkstätten gegründet. Oft verbunden mit Giveboxen und Bücherschränken. Durch das Reparieren von Alltagsgegenständen und das Kaufen oder Umarbeiten von gebrauchten Möbeln oder Kleidungsstücken lassen sich unglaublich viele Ressourcen einsparen. Es ist auch preiswerter als ein Neukauf und man hat am Ende oft ganz individuelle Sachen. Schauen Sie zum Beispiel einfach mal im Netz bei „repaircafe.org" vorbei.

Geht es auch einfacher?

Selbst mit etwas so Banalem wie Wasser trinken, kann ich „nur mal kurz die Welt retten", oder wenigstens etwas dazu beitragen. Vorausgesetzt, es kommt aus der Wasserleitung und spart so Verpackung und Transportaufwand. Das geht sogar unterwegs, wenn es mir gelingt, eine der immer zahlreicher werdenden „Refill-Stationen" zu finden. Im Netz hilft die Website „refill-deutschland.de".

Wer nun Lust bekommen hat, ein wenig mehr Nachhaltigkeit zu genießen, der fragt einfach meine netten Umweltberater-KollegInnen in den Beratungsstellen: www.verbraucherzentrale.nrw/beratungsstellen. Noch mehr Ideen für weitere „Glückstaten" findet man unter www.mehrwert.nrw.

Das Fairtree-Siegel, das man an manchen Bäumen findet, ist kein Bio-Siegel, sondern ein Zeichen dafür, dass die Sammler des Saatgutes unter fairen Lohnbedingungen arbeiten. Die bei uns beliebte Nordmanntanne stammt nämlich aus Georgien. Um die Zapfen mit den Samen zu ernten, muss der Saatsammler bis in die Baumkronen klettern – manchmal bis zu 60 Meter hoch. Häufig ist diese Tätigkeit nicht nur gefährlich, sondern auch noch schlecht bezahlt.

Nachhaltig feiern

Geburtstage, Weihnachten, Bürofeste … selten wird so viel Abfall auf einmal produziert, wie wenn wir feiern. Dass Einweggeschirr keine umweltfreundliche Lösung ist, scheint klar zu sein. Doch versuchen Sie doch mal, ihre nächste Feier so umweltbewusst wie möglich zu gestalten: mit bemaltem Zeitungspapier anstelle von Geschenkpapier, Blumenschmuck aus dem Garten statt Plastikgirlanden und richtigen Gläsern statt Plastikbechern.

Die Basics zum Schluss

Wenn Sie dieses Buch bis hierhin gelesen haben, kennen Sie bereits viele Zahlen, Daten und Hintergründe zu einem umweltbewussten Leben. Vielleicht haben Sie sogar schon mit den ersten Änderungen begonnen. In diesem Kapitel erfahren Sie warum es gut ist, dass immer mehr Menschen ähnlich über unsere Umwelt denken wie Sie.

Wofür das alles: Was ist der Klimawandel?

Warum das Klima der Erde auch für uns Menschen wichtig ist, erklärt uns seit Längerem die „Fridays for Future"-Bewegung. Irgendetwas scheint das Klima unseres Planeten so nachteilig zu verändern, dass es vor allem jungen Menschen nicht gefällt, wie langsam unsere Politik darauf reagiert. Überall spricht man von Erderwärmung. Doch was ist eigentlich so schlimm daran, dass das Klima sich verändert. „Erderwärmung" heißt doch nur, dass das Wetter öfter schöner ist, oder? Leider falsch.

Dass sich das Klima auf der Erde verändert, ist eigentlich nichts Neues. In den letzten Jahrmillionen gab es sogar zahlreiche Klimaveränderungen. Allein in den letzten paar Hunderttausend Jahren wechselten sich zahlreiche Kalt- und Warmzeiten ab. Beeinflusst wurde das Klima seit jeher durch das Zusammenspiel von Treibhausgasen in der Atmosphäre und einer variablen Sonneneinstrahlung. Treibhausgase wie Kohlendioxid und Methan sind es auch, die uns heute so viele Diskussionen bescheren. Denn sie sind ver-

antwortlich für den sogenannten Treibhauseffekt (→ Abbildung oben).

Sie kennen das: Die Glaswände eines Gewächshauses lassen das Licht der Sonne hindurch, das in Wärme umgewandelt wird und das Innere des Treibhauses aufheizt.

Bei der Erde ist es ähnlich. Stark vereinfacht kann man sagen, dass die elektromagnetische Strahlung der Sonne von der Erdoberfläche aufgenommen und in Wärme umgewandelt wird. Infrarotstrahlen werden in den Weltraum zurückgeworfen und von den Treibhausgasen in der Atmosphäre teilweise zurückgehalten. Dadurch wird es wärmer. Befindet sich die Erde in einem thermischen Gleichgewicht, gelangt ein Teil der Strahlung zurück in den Weltraum und die Erde kann ein „Zuviel" an Wärme abgeben.

Die Erde im Ungleichgewicht

Derzeit befindet sich die Erde jedoch in einem thermischen Ungleichgewicht. Die Konzentration von Treibhausgasen in der Atmosphäre ist durch die zunehmende Industrialisierung und den technischen Fortschritt so weit angestiegen, dass die Erde sich unverhältnismäßig stark erwärmt. Wir sind dabei, einen von Menschen geschaffenen Klimawandel auszulösen.

Aktuelle Forschungen sagen voraus, dass eine Erhöhung der Temperatur zu weitreichenden natürlichen Phänomenen auf der Erde führen würde, die die Lebensbedingungen – zumindest für Menschen – auf der Erde drastisch verschlechtern würden. Dürreereignisse, extreme Wetterbedingungen und der Anstieg des Meeresspiegels sind nur einige der Faktoren, die dazu führen könnten, dass Lebensgrundlagen schwinden. Die Auswirkungen, die wir derzeit bereits spüren, sind nur ein Vorgeschmack dessen, was alles möglich wäre, wenn die Temperatur auf der Erde weiter ansteigt. Kein Wunder, dass es so viele Menschen gibt, die ein Fortschreiten des bereits begonnenen Klimawandels verhindern wollen.

Zum Glück ist das Kind noch nicht zu tief in den Brunnen gefallen und wir können eine zu starke Erwärmung der Erde gerade noch verhindern – sofern wir schnell handeln. Eine wichtige Rolle spielt hierbei das Einsparen von Treibhausgasen wie Kohlendioxid (CO_2), damit die Gaskonzentration in der Atmosphäre nicht weiter ansteigt. Selbst in unseren kleinen privaten Haushalten können wir mehr bewirken, als viele glauben. Denn was jede(r) Einzelne tut, summiert sich zu einem starken Effekt.

 GUT ZU WISSEN

Klima und Wetter – was ist der Unterschied?

Wenn Sie morgens aus dem Fenster schauen, sehen Sie, wie das Wetter ist. Innerhalb eines Monats oder eines Jahres ändert sich das Wetter ständig: Mal ist es wärmer, mal kälter, es regnet oder stürmt, mal scheint die Sonne oder die Luftfeuchtigkeit ändert sich. Beobachten Sie das Wetter über einen längeren Zeitraum, ergibt sich ein Trend. Sie betrachten dann das Klima.

GUT ZU WISSEN

Wie viel CO_2 ist „zu viel" CO_2?

In Sachen Umweltschutz wurde schon so manches erreicht. Wir sind aber derzeit vor allem beim Klimaschutz zu langsam. Der heutige Forschungsstand geht davon aus, dass es einen bestimmten Temperaturbereich gibt, der auf der Erde Umwelt-Prozesse auslöst, die nicht mehr umkehrbar sind. Erreichen wir diesen Temperaturbereich, ist der Klimawandel nicht mehr aufzuhalten, egal, welche Maßnahmen wir ergreifen und wie viele Treibhausgase wir einsparen.

Sie können es sich wie einen Teich vorstellen, der zunehmend verschmutzt wird. Irgendwann gerät die Situation außer Kontrolle: Der Teich „kippt um". Und egal wie viel Frischwasser Sie noch hinzufügen, er erholt sich nicht mehr, sondern bleibt eine faulige Brühe, in der nur noch wenige Lebewesen zurechtkommen.

Ähnliche Befürchtungen vor solchen „unumkehrbaren Prozessen" gibt es auch für die Erde. KlimaforscherInnen haben errechnet, dass eine Temperaturerhöhung von mehr als 2 °C auf der Erde nicht tolerierbar ist. Die politischen Klimaziele sind deshalb so formuliert, dass der aktuell zu verzeichnende Temperaturanstieg auf ein

Plus von 1,5 °C (maximal 2 °C) begrenzt werden muss.

Es gibt annähernde Berechnungen, wie viel Kohlendioxid noch in die Atmosphäre gelangen darf, bevor das Klima auf der Erde „kippt". Lässt man ein paar Feinheiten und Variablen in den Berechnungen außen vor, sieht es derzeit so aus, dass unser CO_2-Budget bis zum Erreichen der 1,5 °C-Grenze bei 420 Gigatonnen liegt. Ändert sich nichts, haben wir dieses Budget in etwa neun Jahren verbraucht.

Wir müssen also so viele Treibhausgase wie möglich einsparen und unseren Lebensstil so umweltfreundlich wie möglich gestalten. Und das schnell. Packen wir es also an!

Was ist der Ökologische Fußabdruck?

Der „Ökologische Fußabdruck" ist eine theoretische Einheit, die uns abschätzen lässt, wie nachhaltig etwas ist. Er lässt sich für einzelne Personen berechnen, aber auch für Veranstaltungen, Firmen, Unternehmensgruppen, Länder oder Kontinente.

Der Ökologische Fußabdruck gibt an, wie stark die Erde mit ihren Ökosystemen, Lebensräumen und natürlichen Ressourcen beansprucht wird. Genauer: Er beziffert, wie viel Land- und Ozeanfläche benötigt wird, um verbrauchte Ressourcen wieder aufzufüllen. Mit hinein gerechnet wird auch die Fläche, die benötigt wird, um unseren anfallenden Abfall aufzunehmen.

Die Einheit, in der der Ökologische Fußabdruck angegeben wird, ist der „globale Hektar" (gha). Dieser repräsentiert einen globalen Durchschnittswert, denn die Flächen der Erde sind nicht alle gleich „nützlich", wenn es darum geht, Ressourcen zu ersetzen: Im felsigen Gebirge wächst zum Beispiel viel weniger als auf einer fruchtbaren Wiese. Um hier einen Ausgleich zwischen unterschiedlichen Gegebenheiten zu schaffen, wird die Produktivität der weltweiten Flächen auf einen gemeinsamen Mittelwert zusammengerechnet.

Der Ökologische Fußabdruck von Staaten kann sich zum Teil extrem unterscheiden, je nachdem, wie der Industriestatus, der Wohlstand oder die Infrastruktur einer Region ausgestattet sind. Industrienationen haben einen überproportional großen Ökologischen Fußabdruck.

Auch Einzelpersonen unterscheiden sich in der Größe ihres Ökologischen Fußabdrucks. Während einige Menschen aus Prinzip niemals mit dem Flugzeug verreisen würden, sind andere aus beruflichen Gründen dazu gezwungen, gleich mehrmals pro Monat zu fliegen.

Rechnet man das Konsumverhalten der Menschheit auf einen weltweiten Ökologischen Fußabdruck um, ergibt sich ein deutliches Defizit: So wie „die Menschheit" zurzeit lebt, bräuchten wir 1,7 Erden, um unser Verhalten zu kompensieren und Ressourcen nachhaltig zu erneuern.

Kein Wunder also, dass die Fridays for Future-Bewegung so viel Alarm schlägt.

> **Wir bräuchten**
> **1,7 Erden,**
> **um unser Verhalten zu kompensieren und Ressourcen nachhaltig zu erneuern.**

„Im Kern liegt die Verantwortung bei der Politik, die politischen und rechtlichen Rahmenbedingungen für das Wirtschaften – also Produktion und Konsum – zu setzen."

ULRIKE SCHELL ist Leiterin des Bereichs „Ernährung und Umwelt" bei der Verbraucherzentrale NRW in Düsseldorf.

Hilft es der Umwelt, wenn ich persönlich nachhaltiger lebe und zum Beispiel möglichst auf Plastik verzichte?

Eindeutig ja. Denn viele kleine Beiträge für die Umwelt werden groß und können die Welt ein bisschen verbessern. Auch Sie selbst profitieren davon, wenn Sie nachhaltiger leben. Wenn viele Menschen zum Beispiel weniger Plastik oder überflüssige Verpackungen verbrauchen, wird sich die Wirtschaft darauf einstellen (müssen). Das gilt auch für viele andere Bereiche. Kaufen Sie möglichst nachhaltig produzierte Dinge oder saisonale Produkte aus der Region. Das schont auch Ihren Geldbeutel. Und wenn immer mehr Menschen öffentliche Verkehrsmittel oder das Fahrrad nutzen, dann werden die Angebote attraktiver – und es gibt mehr und bessere Verbindungen oder Fahrradwege.

Wirkliche Verbesserungen für Umweltschutz und fürs Klima gibt es allerdings nur, wenn die Politik mutig die Weichen in diese Richtung stellt und entsprechende politische Rahmenbedingungen setzt. Und die Wirtschaft muss ihren ehrlichen Beitrag leisten und ihre Angebote an Umwelt- und Nachhaltigkeitskriterien ausrichten. Immer mehr Konsum und Wegwerfprodukte für billiges Geld sind der falsche Weg.

Wie kann ich dafür sorgen, dass das Thema in Deutschland die nötige Aufmerksamkeit erhält?

Engagieren Sie sich und/oder unterstützen Sie Nachhaltigkeitsengagement in Ihrer Stadt, Gemeinde, Ihrem Viertel und unmittelbaren Umfeld. In vielen Kommunen gibt es vielfältige Aktivitäten für „Einfach nachhaltig". Da sind die Kirchengemeinden, die sich für fairen Handel einsetzen und faire Produkte in der Gemeinde verkaufen. Reparaturinitiativen bieten günstige Möglichkeiten, defekte Dinge zu reparieren, bevor sie schnell weggeworfen werden. Urban Gardening Initiativen bringen Grün und selbst produzierte Lebensmittel ins Stadtviertel und bereichern das nachbarschaftliche Leben. Das sind nur einige Beispiele für nachhaltiges Engagement in der Nähe, das jede und jeder von uns unterstützen kann, durch Mitmachen oder Kauf der Produkte oder Dienstleistungen. Diese lokalen Initiativen werden zunehmend sichtbarer, sie vernetzen sich und es entstehen neue Gruppen.

Mit Fridays for Future und ihren kreativen Aktionen machen seit 2018 Tausende junge Menschen auf die notwendigen Maßnahmen für den Klimaschutz und ihre Zukunft aufmerksam.

Nicht jeder mag sich an Demonstrationen auf der Straße beteiligen. Es gibt zahlreiche Möglichkeiten, sich zum Beispiel über Online-Petitionen „zu Wort zu melden" und für Nachhaltigkeitsthemen stark zu machen. Nicht zuletzt tragen auch Verbraucherverbände, Umwelt- und Naturschutzverbände ihre Themen aus den Kommunen über die Länderebene nach Berlin und bringen sich dort in die nachhaltigkeitspolitische Debatte ein. Je mehr Menschen diese Lobby für Umwelt und Nachhaltigkeit unterstützen, umso stärker wird ihr Einfluss sein.

Was muss die Politik tun?
Beim Thema nachhaltiger Konsum wird oft suggeriert, dass wir Verbraucherinnen und Verbraucher die wesentliche Verantwortung und entscheidende Marktmacht haben. Ja, wir entscheiden an der Ladentheke oder im Online-Handel – aber zumeist sind wir überfordert angesichts zigtausender Produkte und der Werbeversprechen der Anbieter und ihrer Marketingmilliarden. Oft fällt die Entscheidung dann zugunsten des vermeintlich günstigsten Produkts. Dann wird beklagt, dass „die Verbraucher nur auf den Preis achten".

Im Kern liegt die Verantwortung bei der Politik, die politischen und rechtlichen Rahmenbedingungen für das Wirtschaften – also Produktion und Konsum – zu setzen. Sie muss da, wo es gegensätzliche Positionen und Meinungen zwischen wirtschaftlichen und Umweltschutzinteressen gibt, die politischen Entscheidungen treffen. Das erfordert von den Politikerinnen und Politikern Weitsicht und Mut. Denn die Wirtschaft weiß ihre vornehmlich ökonomischen Interessen massiv einzubringen.

Es ist allerhöchste Zeit, dass die Unternehmen ihre Produktion und Dienstleistungen in Richtung nachhaltiges Wirtschaften umsteuern.

Es ist Aufgabe der Politik, die Rahmenbedingungen dafür festzulegen, dass nachhaltiger Konsum die einfachere Wahl an der Ladentheke ist. Das heißt zum Beispiel, dass es einfache und verbindliche Kennzeichnungen gibt, woran ich ein nachhaltiges Produkt erkennen kann. Hier gibt es noch viel zu viel Wildwuchs durch einen undurchsichtigen und verwirrenden Label-Dschungel. Wenn man die Mehrwegquote für Getränkeverpackungen erhöhen will, sind klare Kennzeichnungsvorgaben und ein lenkendes Pfandsystem unerlässlich. Wenn wir den Verbrauch von wichtigen Ressourcen und das weiter steigende Verpackungsaufkommen reduzieren wollen, müssen die rechtlichen Rahmenbedingungen und politischen Vorgaben für Zirkuläres Wirtschaften, für Ecodesign und Recyclingfähigkeit der Produkte ambitioniert gesetzt werden.

Alle Gesetze und Verordnungen sind darauf zu überprüfen, dass sie den Nachhaltigkeitszielen nicht entgegenstehen. Diese Vorgabe muss nachvollziehbar und überprüfbar angewendet werden.
In der Deutschen Nachhaltigkeitsstrategie sind Kriterien und Zielwerte festgelegt. Sie müssen ambitioniert weiterentwickelt werden. Wenn die Gefahr besteht, dass die Ziele verfehlt werden, muss die Politik mit konsequentem Handeln entgegensteuern. Einfach nachhaltig.

Warum wir auf politische Lösungen nicht verzichten können

Wir können zwar einen Teil unseres Ökologischen Fußabdrucks selbst beeinflussen. Doch um wirklich umweltfreundlich zu sein, müssen wir zusätzlich darauf hinarbeiten, dass auch die Politik mithilft. Um wirklich etwas zu verändern, müssen die umweltfreundlichsten Lösungen und die schonendsten Konsumangebote einfach zu erreichen sein. Damit umweltfreundliches Verhalten zur Routine werden kann, müssen unsere Energieversorgung, die Landwirtschaft oder unsere Mobilität so gestaltet werden, dass sie nachhaltig sind. Das haben die Politiker der Vereinten Nationen auch gemeint, als sie sich im Jahr 2015 auf 17 gemeinsame Nachhaltigkeitsziele verständigt haben. Ziel 12 heißt: „Nachhaltig Produzieren und Konsumieren und macht deutlich, dass Verbraucherinnen und Verbraucher nicht allein verantwortlich sind." Aber: Für solche weitreichenden Veränderungen braucht es gesetzliche Vorgaben. **Und diese können nur angestoßen werden, wenn es eine laute und deutliche Nachfrage aus der Bevölkerung gibt.**

Wie beeinflusst unser Konsumverhalten die Umwelt?

„Konsum" kann in der Tat ein negativ behaftetes Wort sein, das häufig für unnötige Shopping-Touren und einen verschwenderischen Lebensstil gebraucht wird. Doch streng genommen ist mit „Konsum" auch jeder Einkauf gemeint, den wir notwendigerweise tätigen. Lebensmittel und Kleidung zum Beispiel müssen wir ja zumindest in einer Grundmenge irgendwie anschaffen, nicht wahr? Trotzdem lohnt es sich, das eigene Einkaufsverhalten ab und an zu hinterfragen.

Unser persönliches Konsumverhalten stellt nämlich einen wichtigen Faktor im Umwelt- und Klimaschutz dar. Es beeinflusst nicht nur die Gegebenheiten vor unserer Haustür, sondern hat in den meisten Fällen vor allem dort Auswirkungen, wo wir es nicht sofort wahrnehmen: in der Arktis zum Beispiel, wo der Treibhauseffekt das Eis schmelzen lässt. Oder bei einer Orang-Utan-Familie, deren asiatischer Lebensraum einer Plantage zur Palmölgewinnung weichen muss.

Vor allem am Palmöl-Beispiel wird klar, dass unser regionales Handeln globale Auswirkungen haben kann. Würden wir Produkte, in denen Palmöl enthalten ist, aktiv meiden, gäbe es keinen so großen Bedarf an Plantagen und die Orang-Utans könnten ihren Wald behalten. Was in Europa passiert, bewirkt also etwas auf einem anderen Kontinent.

Für das menschliche Gehirn ist es aber offenbar schwer, die aktuelle Umweltsituation als „Gefahr" wahrzunehmen. Das liegt vermutlich vor allem daran, dass es keine unmittelbar sichtbare Bedrohung gibt. Es bleibt ja schließlich niemandem die Luft weg, wenn im Einkaufswagen eine Plastikverpackung liegt. Und unser Haus geht auch nicht in Flammen auf, sobald wir Palmöl im Schrank haben.

Trotzdem gibt es in letzter Zeit einen gesellschaftlichen Wandel: Immer mehr Menschen möchten bewusster leben. Und vielen wird bewusst, dass ihr Konsumverhalten ein sehr effektives Hilfsmittel beim Umweltschutz sein kann.

Denn Angebot und Ausrichtung der Wirtschaft richten sich danach, was gekauft wird. Je mehr Menschen dazu bereit sind, ihr Geld innerhalb eines umweltbewussten Lebensstils auszugeben, desto schneller wird es dazu passende Angebote geben. Der Konsument gibt den Markt vor, heißt es doch so schön. Also können wir als Konsumenten auch mit unserem Geld die Richtung bestimmen.

Je mehr von uns ihr Konsumverhalten hinterfragen, desto mehr Marktveränderungen wird es geben.

Viele Beispiele aus kleinen Umweltschutzprojekten haben gezeigt, was alles erreichbar ist, wenn viele Menschen zusammenarbeiten. Könnte man diesen Zusammenhalt auch auf das Thema Klimaschutz übertragen, wäre sicherlich eine Menge zu schaffen. Das Verhalten vieler einzelner Menschen könnte sich zu einer großen Bewegung summieren. Deshalb: **Erzählen Sie in Ihrem Bekanntenkreis ruhig von Ihrem Vorhaben nachhaltiger zu leben.**

Anhang

→ Adressen der Verbraucherzentralen

→ Stichwortverzeichnis

→ Impressum

→ Bildnachweis

Adressen →

VERBRAUCHERZENTRALEN

**Verbraucherzentrale
Baden-Württemberg e. V.**
Paulinenstraße 47
70178 Stuttgart
Telefon: 07 11/ 66 91-10
Fax: 07 11/66 91-50
www.verbraucherzentrale-bawue.de

Verbraucherzentrale Bayern e. V.
Mozartstraße 9
80336 München
Telefon: 0 89/5 52 79 4-0
Fax: 0 89/53 75 53
www.verbraucherzentrale-bayern.de

Verbraucherzentrale Berlin e. V.
Ordensmeisterstraße 15–16
12099 Berlin
Telefon: 0 30/2 14 85-0
Fax: 0 30/2 11 72 01
www.verbraucherzentrale-berlin.de

**Verbraucherzentrale
Brandenburg e. V.**
Babelsberger Straße 12
14473 Potsdam
Telefon: 03 31/2 98 71-0
Fax: 03 31/2 98 71-77
www.verbraucherzentrale-brandenburg.de

Verbraucherzentrale Bremen e. V.
Altenweg 4
28195 Bremen
Telefon: 04 21/1 60 77-7
Fax: 04 21/1 60 77 80
www.verbraucherzentrale-bremen.de

Verbraucherzentrale Hamburg e. V.
Kirchenallee 22
20099 Hamburg
Telefon: 0 40/2 48 32-0
Fax: 0 40/2 48 32-290
www.vzhh.de

Verbraucherzentrale Hessen e. V.
Große Friedberger Straße 13–17
60313 Frankfurt/Main
Telefon: 0 69/97 20 10-900
Fax: 0 69/97 20 10-40
www.verbraucherzentrale-hessen.de

**Verbraucherzentrale
Mecklenburg-Vorpommern e. V.**
Strandstraße 98
18055 Rostock
Telefon: 03 81/2 08 70-50
Fax: 03 81/2 08 70-30
www.verbraucherzentrale-mv.eu

**Verbraucherzentrale
Niedersachsen e. V.**
Herrenstraße 14
30159 Hannover
Telefon: 05 11/9 11 96-0
Fax: 05 11/9 11 96-10
www.verbraucherzentrale-niedersachsen.de

**Verbraucherzentrale
Nordrhein-Westfalen e. V.**
Mintropstraße 27
40215 Düsseldorf
Telefon: 02 11/38 09-0
Fax: 02 11/38 09-216
www.verbraucherzentrale.nrw

**Verbraucherzentrale
Rheinland-Pfalz e. V.**
Seppel-Glückert-Passage 10
55116 Mainz
Telefon: 0 61 31/28 48-0
Fax: 0 61 31/28 48-66
www.verbraucherzentrale-rlp.de

**Verbraucherzentrale des
Saarlandes e. V.**
Trierer Straße 22
66111 Saarbrücken
Telefon: 06 81/5 00 89-0
Fax: 06 81/5 00 89-22
www.verbraucherzentrale-saarland.de

Verbraucherzentrale Sachsen e. V.
Katharinenstraße 17
04109 Leipzig
Telefon: 0341/69 62 90
Fax: 03 41/6 89 28 26
www.verbraucherzentrale-sachsen.de

**Verbraucherzentrale
Sachsen-Anhalt e. V.**
Steinbockgasse 1
06108 Halle
Telefon: 03 45/2 98 03-29
Fax: 03 45/2 98 03-26
www.verbraucherzentrale-sachsen-anhalt.de

**Verbraucherzentrale
Schleswig-Holstein e. V.**
Hopfenstraße 29
24103 Kiel
Telefon: 04 31/5 90 99-0
Fax: 04 31/5 90 99-77
www.verbraucherzentrale.sh

Verbraucherzentrale Thüringen e. V.
Eugen-Richter-Straße 45
99085 Erfurt
Telefon: 03 61/5 55 14-0
Fax: 03 61/5 55 14-40
www.vzth.de

**Verbraucherzentrale
Bundesverband e. V.**
Rudi-Dutschke-Straße 17
10969 Berlin
Telefon: 0 30/2 58 00-0
Fax: 0 30/2 58 00-518
www.vzbv.de

Stichwortverzeichnis

A
Abfall 61
Abfall-ABC 84
Abholzen, Regenwälder 59
Abwasser sauber halten 111
Akku, Handy 49
Akku, Haushaltsgeräte 94
Akkurücknahme vom Handel 81, 84
Altglas 76, 80
Altkleider, Container/Sammlung 39
Altpapier 51, 76, 80, 84, 85
ASC-Siegel, Fisch 34
Avocado 26

B
Backpapier 64
Balkongarten 30
Balkonmodul, Stromerzeugung 102
Bambusgeschirr/-becher 74
Batterien entsorgen 81, 84
Bauernmarkt 26
Baumwollbeutel 50, 51
Baumwolle 42, 43
Beleuchtung 99
Bewegungsmelder 102
Bienen 31, 120
Bienenwachstücher 70
Bio-/Naturkosmetik 44
Bio-Höfe 64
Bio-Label 26
Bioland-Siegel 33
Bio-Plastik 68
Bio-Siegel 33
Biotonne 78, 84, 85
Blauer Engel 35
 – Papiertüte 51
 – Recycling 73
 – Streusalz 111
Bleirohre 106
Brot-/Vorratsdosen 69
Buch 72
Bus und Bahn, CO_2-Ausstoß 115

C
Carsharing 114
CD/DVD entsorgen 82
CO_2 (Kohlendioxid) 57, 127
 – Ausstoß pro Person, Fahrzeuge 115
 – Torf 120
 – Werte 128
Coffee to go 74
Computer 47
Cotton made in Africa, Label 41
COVID-19 (Corona) 19

D
Demeter-Siegel 33
Downcycling 76
Dünger 111, 121
 – Kompost 30
Duschen, Wasserverbrauch 108

E

Earth Overshoot Day 19
Ecodesign 131
Eco-Programm, Wasch-/Spülmaschine 95, 97
Einweg-/Mehrweg-Pfand, Flaschen 35
Einwegbecher 74, 75
Einwegplastik 123
– Verbot 66
El Puente (Label) 34
Elektrogeräte, „grüne" 47
Elektroschrott entsorgen 81
Energie sparen 87
Energieeffizienz, Lampen 100
Energieeffizienzklasse, Elektrogeräte 48
Energielabels, neue 94
Energiesparen in der Küche 91
Energieverbrauch, geringer 47
Entkalken 92
Erderwärmung 125
E-Reader 72
Erneuerbare-Energien-Gesetz (EEG) 89
E-Scooter 111
EU-Biosiegel 33
EU Umweltzeichen (EU Ecolabel) 97

F

Fahrgemeinschaft, Auto 112
Fair Wear Foundation 41
Fairphone 48
Fairtrade/Fairer Handel 26, 40, 41
Fairtrade-Siegel 29, 33, 34
Fairtree-Siegel 123
Feiern, nachhaltig 123
Fisch, Einkauf 34
Fisch, Plastikmüll 62
Fleisch 58
Flugananas 22

Flüge 112
Foodsharing-Schränke 29

G

Gelbe Tonne/gelber Sack 76, 77
Gemüse/Obst 21
– Transportwege 22
Gemüsebeet anlegen 30
Gepa (Logo) 34
Geschirrspüler optimal nutzen 97
Getränkedosen 37
Getränkekartons 36
Glascontainer 80
GOTS (Global Organic Textile Standard) 41
Grabschmuck 119
Graustrom 87
Grüne Tonne/Biotonne/Kompost 76, 78

H

Hafermilch 58
Handy → Smartphone
Haushaltsgeräte 94
Heimisches Gemüse 24
Heimisches Obst 23
Heizen, richtig 98
Helligkeit, Lampe 100
Herd 90
Herkunftsnachweis, Stromanbieter 88
Hofladen 26, 64
Hygieneprodukte für Frauen 65

I, J

Induktionsfeld, Herd 90
IVN Best (vom Internationalen Verband der Naturtextilwirtschaft) 41
Jeansproduktion 42

K

Kelvin (K) = Lichtfarbe 100
Kilowattstunde (kWh) 100
Kleiderkammer 38
Kleiderspende, Logos 39
Kleidertausch-Party 38
Kleidung 38
   – nachhaltige 40, 41
Klimawandel 125
Kohlendioxid 58 → auch CO_2
Kompost 30, 69, 78, 119
Korken entsorgen 82
Kosmetik 44
   – selber machen 45, 46
   – Unverpackt-Laden 65
Kosmetikprodukte, Siegel 44
Kühlschrank 94
Kunststoffgranulat 67

L

Label Deutscher Tierschutzbund 34
Landwirtschaft, ökologische 33
   – Zukunft 7, 132
Lebensmittelverschwendung eingrenzen 29
LED, Lebensdauer 101
   – Effizienzklasse 100
Leuchtmittel 99
Lichtfarbe 100
Lüften 98
Lumen (lm) = Helligkeit 100
Lunchbox 69

M

Meeresströmungen, Plastik 62
Mikroplastik 66
Mikrowelle 93
Milchprodukte 58
Mindesthaltbarkeitsdatum (MHD) 32

Mini-Solaranlage 102
Mitfahrzentralen 115
Mobilität, umweltfreundliche 111
Mobiltelefon → Smartphone
MSC-Siegel, Fisch 34

N

Nachhaltig feiern 123
Nachhaltigkeit 13
Naturland-Siegel/-Fair 33, 34
Nordseekrabben 22

O

Obst/Gemüse 21
Ökologischer Fußabdruck 19, 129
Ökostrom 87
Ökostromlabel 89
Ökostromtarife 88
Omnivor 58

P

Palmöl 27
Papier sparen, Tipps 73
Papier, Rohstoff 72
Papiertüte 51
Pazifischer Müllstrudel 62
Pflanzenjauche 121
Pflanzenschutzmittel meiden 120
Photovoltaikanlage 89
Plastik 61
Plastikprodukte-Verbot, EU-weites 66
Plastiktüte 50
Plug & Play Solaranlage 102
Politik in der Verantwortung 130
Putzmittel 111
   – Putzmittel selber machen 54, 55
   – Unverpackt-Laden 65

R

Rapunzel Hand in Hand (Siegel) 34
Recycling 76
Regenwald 7, 17, 27, 58
Regenwasser nutzen 109
Regenwasserduschen 108
Regionale Produkte 22
Reinigungsmittel → Putzmittel
Reparaturcafé, Elektrogeräte 82, 122
Restmülltonne 76, 79

S

Schneckenzäune 121
Schraubgläser, Vorrat 64
Secondhandläden 38
Seevogel, Plastikmüll 62
Shiftphone 48
Smart-Home 102
Smartphone kaufen/entsorgen 48
Sondermüll, Wertstoffhof 81
Sozialkaufhaus, Kleidung 38
Sparduschkopf 108
Sperrmüll 83
Stadtgärtnern 30, 31
Stoffbeutel 50
Stoffwindel 52
Strom → Ökostrom
Strom selbst produzieren 102

T

Technik 47
Textilfabrik, Entwicklungsland 40
Thermopapier, Kassenbon 80, 84
Torffreie Blumenerde 120
Transportwege, lange 21
Treibhauseffekt 126
Treibhausgase → auch CO_2
Treibhausgase, Tierprodukte 57

Trinkhalm 64
Trinkwasser 105

U

Überfischung 34
Umweltbewusst waschen/spülen 95, 96
Umweltbundesamt (UBA) 22
Umweltschutz 8, 11, 28, 130
Unverpackt-Laden 10, 65, 71
Upcycling 76

V

Vegetarisch/vegan essen 58
Verbrauchersiegel 33
Verbrauchsdatum 32
Verkehrsmittel, CO_2-Ausstoß 115
Verpackungsmaterial, Pausenmahlzeit (Lunchbox) 69
VHS-Kassetten entsorgen 82
Vorratsgläser für zu Hause 71

W

Warmwasserbereitung 92
Wasser sparen, Tipps 110
Wasserkocher 90
Wasserverbrauch 105
WC-Duftsteine 111
Wegwerfwindel 52
Weihnachtsbaum „Bio" 121
Wertstofftonne 76, 78
Windeln 52
Windkraftanlage 88
Wochenmarkt 64

Z

Zeitung Papier/elektronisch 72
Zero-Waste-Bewegung 61
Zigarettenkippe 77

Impressum

Herausgeber
Verbraucherzentrale NRW

Mitherausgeber
Verbraucherzentrale Hamburg

Text
Dr. Johanna Prinz,
www.naturvermittlung.de

Lektorat
Heike Plank

Koordination
Wibke Westerfeld

Fachliche Beratung
Bernhard Burdick, Dr. Kerstin Effers, Friederike Farsen, Philip Heldt, Sabine Klein, Petra Niesbach, Gerhild Loer, Charlotte Schlüter, Thomas Seltmann, Frank Waskow

Umschlaggestaltung
Ute Lübbeke, Köln
www.LNT-design.de

Layout und Satz
Grazyna Rojek
www.grazynarojek.de

Druck
DCM Druck Center Meckenheim GmbH

Redaktionsschluss: März 2021

1. Auflage 2021

© Verbraucherzentrale NRW, Düsseldorf
Das Werk einschließlich aller seiner Teile ist urheberrechtlich geschützt. Jede Verwertung, die nicht ausdrücklich vom Urheberrechtsgesetz zugelassen ist, bedarf der vorherigen Zustimmung der Verbraucherzentrale NRW. Das gilt insbesondere für Vervielfältigungen, Bearbeitungen, Übersetzungen, Mikroverfilmungen und die Einspeicherung und Verarbeitung in elektronischen Systemen. Das Buch darf ohne Genehmigung der Verbraucherzentrale NRW auch nicht mit (Werbe-)Aufklebern o. Ä. versehen werden. Die Verwendung des Buches durch Dritte darf nicht zu absatzfördernden Zwecken geschehen oder den Eindruck einer Zusammenarbeit mit der Verbraucherzentrale NRW erwecken.

ISBN 978-3-86336-135-8

Bildnachweis

Grafik
Seite 28 Quelle: https://www.regenwald.org/themen/palmoel/infografik-palmoel
Seite 107 Quelle: Umweltbundesamt und Statistisches Bundesamt
Seite 67 Quelle: NABU/ Fraunhofer UMSICHT

adobe stock
Seite 12 ©zinkevych
Seite 16 ©Gstudio
Seite 17 ©Nicola
Seite 19 ©sewcream
Seite 4, 20 ©jackfrog
Seite 26 ©mythja
Seite 27 ©baibaz
Seite 35 ©photka
Seite 36 ©aleciccotelli; ©Gresei; ©New Africa
Seite 37 ©New Africa; ©vander
Seite 38 ©Carolyn Franks
Seite 42 ©goir
Seite 45/46 ©maramorosz
Seite 47 ©rock_the_stock
Seite 48 ©Photobeps
Seite 49 ©creatix
Seite 50 ©rdnzl
Seite 51 ©Mihail
Seite 53 ©New Africa
Seite 54/55 ©peterschreiber.media
Seite 56 ©sonyakamoz
Seite 5, 60 ©kateapp
Seite 62 ©master1305
Seite 63 ©photka
Seite 64/65 ©oksix
Seite 72 ©monticellllo
Seite 77 ©M. Schuppich
Seite 78 ©SkyLine
Seite 79 ©blueringmedia
Seite 80 ©SkyLine
Seite 81 ©Sergey - stock.adobe.com
Seite 83 ©Ronald Rampsch
Seite 84 ©akf; ©illustrez-vous; ©Thaut Images; ©photka
Seite 85 ©amnach; ©rdnzl; ©35mmf2
Seite 86 ©Stockwerk-Fotodesign
Seite 88/89 ©Auguste Lange
Seite 101 ©Ellengold
Seite 104 ©lovelyday12
Seite 5, 108 ©Quality Stock Arts
Seite 109 ©sonne_fleckl
Seite 110 ©Pixelot; ©steffymaier
Seite 5, 112 ©upixa
Seite 118 ©JibJib
Seite 120 ©Africa Studio
Seite 121 ©Dzha
Seite 123 ©IRINA
Seite 4/5, 124 ©Valmedia
Seite 128 ©robu_s
Seite 133 ©igishevamaria
Seite 143 ©ink drop

Seite 23/24/25 © VZ NRW
Seite 37 © Genossenschaft Deutscher Brunnen eG (GDB)
Seite 75 ©depositphotos
Seite 90 ©istockphoto
Seite 103 ©Energieagentur Kreis Konstanz
Seite 126 ©VZ NRW

Expertenfotos
Seite 30 ©Jörg Sarbach
Seite 93 ©VZ NRW
Seite 122 ©VZ NRW
Seite 130 ©VZ NRW

Umschlagfoto
©depositphotos; ©istockphotos; ©adobe stock/T.Sander Photos

Das bisschen Haushalt ...

Haushalt geht eigentlich ganz einfach – wenn man weiß, wie. Waschen, Putzen, Einkaufen und Kochen gehören zwar zum Alltag, sollten aber nicht mehr Geld und Ressourcen beanspruchen als nötig. Die Experten der Verbraucherzentrale zeigen, wie das geht. Mit vielen praktischen Tipps, Schritt-für-Schritt-Anleitungen und Checklisten.

Haushalt im Griff
Einfach, schnell und nachhaltig

2. Auflage 2020
200 Seiten / vierfarbig / 16,5 x 22,0 cm / Broschur
ISBN 978-3-86336-132-7
16,90 €
www.ratgeber-verbraucherzentrale.de